Entwickle Deine Intuition

Shakti Gawain

Entwickle Deine Intuition

Praktische Hilfen für
das tägliche Leben

Aus dem Englischen
von Thomas Görden

Integral

2. Auflage 2002

Der Integral Verlag ist ein Unternehmen der Verlagsgruppe Ullstein Heyne List

ISBN 3-7787-9084-6

Die amerikanische Originalausgabe erschien 2000
unter dem Titel »DEVELOPING INTUITION – Practical Guidance for
Daily Life« im Verlag New World Library, California, USA.
© 2000 by Shakti Gawain
© der deutschen Ausgabe 2001 by Verlagsgruppe Ullstein Heyne List, München
Alle Rechte sind vorbehalten. Printed in Germany.
Umschlaggestaltung: HildenDesign, München, unter Verwendung
des Cover Designs der amerikanischen Originalausgabe von Alexandra Honig
Layout: Privatakademie Leonardo, Hamburg
Gesetzt aus der Tiffany
bei Leingärtner, Nabburg
Druck und Bindung: Uhl, Radolfzell

Dieses Buch ist all jenen gewidmet,
deren Liebe und Unterstützung es mir ermöglichen,
meine Arbeit zu tun.

Intuition 1. die Fähigkeit, direktes Wissen oder Erkenntnis ohne rationales Denken zu erlangen
2. plötzliche Einsicht oder Eingebung

Inhalt

Vorwort		11
Einleitung		13
1. Kapitel:	*Was ist Intuition?*	19
	Intuition und Instinkt	23
	Intuition und mediale Fähigkeiten	24
	Übung: Sich an ein intuitives Gefühl erinnern	28
2. Kapitel:	*Bewusstheit entwickeln*	29
	Übung: Bewusstheit	33
3. Kapitel:	*Selbstvertrauen*	37
	Übung: Vertrauen lernen	43
4. Kapitel:	*Entspannung*	45
	Übung: Entspannung	47
5. Kapitel:	*Kontakt mit der Intuition aufnehmen*	51
	Meditation: Kontakt zur inneren Führung aufnehmen	52
	Der Umgang mit speziellen Problemen	60
	Häufiges Befragen der Intuition	61
	Meditation: Schneller Intuitionscheck	63
	Anwendung des Intuitionschecks	64

6. Kapitel:	Der Intuition gemäß handeln	67
	Übung: Innere Klarheit schaffen	73
	Übung: Selbstvertrauen stärken	74
7. Kapitel:	Intuitive Botschaften richtig interpretieren	75
	Lassen Sie Ihre Lebensenergie fließen	80
	Tun und Sein	83
	Übung: Energiebewusstsein	85
8. Kapitel:	Die Intuition von anderen inneren Stimmen unterscheiden	87
	Falsche Sehnsüchte	93
	Übung: Sich der inneren Selbste bewusst werden	97
	Übung: Verschiedene Stimmen zu Wort kommen lassen	98
9. Kapitel:	Intuition und Emotion	101
	Übung: Kontakt mit den Emotionen aufnehmen	106
10. Kapitel:	Die Intuition und unser Körper	107
	Auf den Körper hören	110
	Übung: Tagebuch	112
	Intuition und Gesundheit	113
	Übung: Körperkommunikation	116
11. Kapitel:	Intuition im Beruf	119
	Intuition und Geld	123
	Die Intuition und Ihre höhere Bestimmung	125
	Übung: Die eigene Lebensaufgabe entdecken	129

12. Kapitel:	Die Kunst des intuitiven Lebens	131
	Neue Türen öffnen	132
	Eine Kraft, die uns führt	136
	Meditation: Der eigenen Energie folgen	139
Anhang:	Empfehlenswerte Bücher	140
	Audiokassetten	141
	Seminare	142
Dank		143
Über die Autorin		144

Vorwort
Wozu Intuition entwickeln?

Warum sollten Sie der Entwicklung Ihrer Intuition Zeit und Energie widmen?

Ganz einfach deshalb, weil das vermutlich zum Wertvollsten zählt, was Sie überhaupt für sich tun können! Der dafür erforderliche Zeitaufwand ist gering und der mögliche Gewinn enorm.

Intuition ist eine wesentliche Quelle für Erfolg und Erfüllung. Sie ist ein natürlicher Teil unseres Wesens – unser Geburtsrecht – und doch haben viele von uns die Verbindung zu ihrer Intuition verloren. Haben wir einmal erkannt, wie wir sie nutzen können, kann die Intuition uns als sehr genaue Richtschnur in allen Lebensbereichen dienen. Sie ist ein praktisches Werkzeug, auf das wir nicht verzichten können, wenn wir ein erfolgreiches Leben führen möchten.

Da in unserer Kultur die Betonung vor allem auf der Entwicklung des Rationalen liegt und Existenz und Wert der Intuition kaum anerkannt werden, ist bei vielen von uns der Kontakt zum intuitiven Sinn unterbrochen. Glücklicherweise lässt sich dieser Kontakt mit ein paar simplen Techniken und etwas Übung leicht wiederherstellen. Wenn Sie lernen, Ihrer Intuition zu folgen, und die sich einstellenden positiven Resultate Sie in diesem Kurs bestätigen, hebt das Ihr Selbstvertrauen und Ihr Selbstwertgefühl.

In unserem komplizierten modernen Leben, wo wir uns oft einer großen Vielfalt von Alternativen und Optionen gegenübersehen, kann die Intuition uns von Augenblick zu Augenblick den richtigen Weg weisen. Sie kann uns Schritt für Schritt zeigen, was wir tun müssen, um unsere Herzenswünsche zu verwirklichen und unsere Ziele zu erreichen. Unser intuitiver Sinn kann für mehr Sicherheit sorgen; er warnt uns, wenn uns etwas schaden oder gefährlich werden könnte.

Die Intuition weist uns stets den besten Pfad zu den für uns richtigen Zielen. Wenn wir ihr folgen, kann uns das eine Menge Verwirrung, Streit und Kummer ersparen.

Eine meiner Freundinnen drückt es so aus: »Wenn ich meine Intuition ignoriere, tu ich Dinge, die nicht besonders gut funktionieren, oder sogar Dinge, die nicht gut für mich sind. Je mehr ich meiner inneren Weisheit folge, desto besser bin ich in der Lage, für mich selbst zu sorgen, und desto mehr Dinge in meinem Leben fügen sich auf glückliche Weise.«

Da die Intuition uns mit der Seelenebene unseres Daseins verbindet, gelangen viele Menschen dadurch, dass sie ihre Intuition entwickeln, zu einer neuen, tiefen Beziehung zu ihrer spirituellen Seite. Und die Spiritualität wird so zu einem festen Bestandteil ihres Alltags.

Besonders erfolgreiche Menschen sind oft sehr intuitiv. Bewusst oder unbewusst folgen sie ihren intuitiven Impulsen und zwischen Intuition und Kreativität besteht ein enger Zusammenhang. Wenn wir den Kontakt zu unserem intuitiven Gefühl verloren haben, ist sehr häufig auch unsere Kreativität blockiert. Wenn wir unserer Intuition folgen, kommen wir dagegen in den »Flow«-Zustand, einen sehr lebendigen, produktiven und fruchtbaren Zustand, ein Lebensgefühl harmonischen Fließens.

Auf den folgenden Seiten erfahren Sie, wie Sie auf einfache und spielerische Weise den Kontakt zu Ihrer Intuition verbessern können.

Einleitung

Ich wuchs in einer gebildeten und intellektuellen Familie auf. Mein Vater war Professor für Flugzeugbau und meine Mutter Stadtplanerin. Beide Eltern waren sehr rational eingestellt und legten großen Wert auf die Entwicklung der intellektuellen Fähigkeiten.

Ich war ein frühreifes Kind, das leidenschaftlich gerne las und gute Noten aus der Schule mitbrachte. Für meine schulischen Leistungen wurde ich sowohl von meinen Eltern als auch von den Lehrern sehr gelobt.

Ich entwickelte mich zu einem extrem logisch denkenden Menschen. Ich war eine ausgeprägte Skeptikerin und stolz darauf, nichts zu glauben, das nicht wissenschaftlich bewiesen werden konnte. Ich hielt mich für eine Atheistin und war der festen Überzeugung, Gott sei eine Idee, die die Leute sich ausgedacht hatten und an die sie sich klammerten, weil sie nicht mit der Tatsache leben konnten, dass wir den Sinn unserer Existenz nicht wirklich verstehen.

Während meiner Zeit auf dem College und als junge Erwachsene machte ich einige Erfahrungen, die nicht recht in mein Weltbild passten. Doch schließlich waren es die Sechzigerjahre und unsere gesamte Kultur begann sich für eine ganzheitlichere Lebensperspektive zu öffnen.

Ich fing an, mich für östliche Philosophien zu interessieren, und praktizierte Yoga und Meditation. Am College lernte ich modernen

Tanz, und wenn ich tanzte, hatte ich manchmal das Gefühl, von einer Macht bewegt zu werden, die größer war als ich selbst. Ich nahm an einigen Therapiegruppen teil, bei denen wir gemeinsam tiefe Gefühle durchlebten, was zu transzendenten Erfahrungen von Nähe und Einssein führte. Diese neuen Eindrücke bewirkten, dass ich mich allmählich für den nicht linearen, nicht rationalen Aspekt meines Wesens öffnete.

Auch meine Mutter erkundete ähnliche neue Erfahrungswelten. Eines Tages rief sie mich an und berichtete aufgeregt von einem Seminar, an dem sie soeben teilgenommen hatte. Dort hatte sie Techniken zur Entwicklung der Intuition kennen gelernt und war über die dabei gemachten Erfahrungen höchst verblüfft.

Hätte es sich nicht um meine Mutter gehandelt, die ich als vernünftigen und intelligenten Menschen respektierte, hätte die Skeptikerin in mir diese Erfahrungen als puren Unsinn abgetan. So aber war ich fasziniert. Tief in mir begann sich etwas zu regen, das ich lange verdrängt hatte – ein Gefühl, dass es im Leben eine geheimnisvolle Magie gibt und dass sich nicht alles nach logischen Kriterien erklären lässt.

Also nahm auch ich an diesem Seminar teil, das meine Mutter mir empfohlen hatte. Ich lernte einige Meditationstechniken, einschließlich der Technik der Visualisierung, bei der man sich etwas, das man sich wünscht, so vorstellt, als sei es bereits Wirklichkeit. Schnell fand ich heraus, dass diese Methode außerordentlich wirkungsvoll ist, und seither setze ich sie regelmäßig ein[1]. Auch lernte ich, wie man Zugang zu seiner inneren Führung erlangt, und eine Fülle anderer nützlicher Fertigkeiten. Das alles wurde auf eine sehr klare, logi-

---

[1] Später schrieb ich darüber das Buch *Gesund denken. Kreativ visualisieren.*

sche, fast wissenschaftliche Weise präsentiert, die meine rationale Seite ansprach.

Am Ende des Kurses ließ man uns eine Übung ausführen, bei der wir uns in einen entspannten, meditativen Zustand begeben mussten. Dann las einer der Seminarleiter von einer Karte Name, Alter und Wohnort einer uns unbekannten Person vor, die an einer uns ebenfalls nicht bekannten körperlichen Erkrankung litt. (Der Name dieser Krankheit war auf der Karte notiert, wurde uns aber nicht vorgelesen.) Dann sollten wir ein geistiges Bild dieser Person erschaffen und darauf achten, welcher Teil ihres Körpers unsere Aufmerksamkeit auf sich zog. Die sich dabei einstellenden Gefühle, Gedanken oder inneren Bilder sollten Hinweise auf die Krankheit des Betreffenden liefern. Vielen Teilnehmern gelang es bemerkenswert gut, bei einem oder mehreren Fällen richtig zu »raten«.

Meine eigene Leistung war nicht nur bemerkenswert – sie war vollkommen unglaublich. Als mir die Informationen zu meiner ersten Zielperson vorgelesen wurden, tauchte vor meinem inneren Auge sofort ein Bild dieser Person auf. Ich spürte, wie meine Aufmerksamkeit auf einen bestimmten Bereich ihres Körpers gelenkt wurde, und ich empfing einen gefühlsmäßigen Eindruck, worin ihr gesundheitliches Problem bestand. Ich sprach meine Vermutung laut aus und sie erwies sich als zutreffend. Insgesamt wurden mir zehn Zielpersonen genannt und bei allen lag ich mit meiner Ferndiagnose richtig!

Dieses Erlebnis traf mich wie ein Schock. Es gab einfach keine logische Erklärung für das, was da geschehen war. Ich hatte die Informationen über die Zielpersonen nicht auf dem Weg erhalten, auf dem ich mir normalerweise Informationen verschaffte. Sie waren nicht über die mir vertrauten fünf Sinne gekommen. Es hatte sich angefühlt, als hätte mein Geist sich plötzlich in eine Art Leitung oder

Frequenz eingeklinkt, wo die gewünschte Information einfach abgerufen werden konnte.

Dieses Erlebnis öffnete mir die Augen für die Tatsache, dass uns in Form unserer intuitiven Fähigkeiten ein anderer Zugang zur Erlangung von Wissen zur Verfügung steht als der verstandesmäßige. Von da an ging ich fasziniert der Frage nach, wie sich der Kontakt mit diesem Teil meines Selbst weiter verbessern ließ. Ich vermutete, dass ich da auf ein sehr wirkungsvolles und praktisches Hilfsmittel für den Alltag gestoßen war. Ich begann, einige der in dem Kurs erlernten Techniken regelmäßig anzuwenden, und fand sie sehr hilfreich.

Bald darauf begab ich mich auf eine zwei Jahre dauernde Reise. Sie begann mit einem Urlaub in Italien, im Anschluss an den ich ein ganzes Jahr in Europa unterwegs war und arbeitete. Von dort fuhr ich auf dem Landweg bis nach Indien, wo ich mehrere Monate umherreiste, ehe ich meine Weltumrundung vervollständigte und wieder nach Hause zurückkehrte.

Die gesamte Reise war eine wundervolle Gelegenheit, den Gebrauch meiner Intuition zu erlernen. Auch wenn ich mir dessen damals nicht völlig bewusst war, sehe ich im Rückblick deutlich, dass eine innere Führung mich zu jedem meiner Schritte inspirierte. Ich hatte nie konkrete Pläne und wusste nicht, was ich essen und wo ich am Abend schlafen würde. Ich ließ die Dinge sich einfach von Tag zu Tag entwickeln, was sie auf ziemlich bemerkenswerte Weise taten. Ich hatte fast keinen persönlichen Besitz und nur sehr wenig Geld, doch irgendwie wurde immer für mich gesorgt. Ich wurde mit vielen schwierigen, herausfordernden Situationen konfrontiert, doch alles fügte sich letztlich gut. Diese Reise war eine großartige Gelegenheit für mich, Selbstvertrauen zu entwickeln, und ich lernte, mehr als zuvor dem Fluss des Lebens zu folgen.

Als ich nach Hause zurückkehrte, widmete ich mich mit großem Interesse meiner persönlichen Entwicklung. Ich wollte mehr darüber lernen, wie sich rationaler Verstand und Intuition in meinem Leben ins Gleichgewicht bringen ließen.

In den folgenden Jahren hatte ich das Glück, mit mehreren Lehrern zu arbeiten, die mein Vertrauen in meine Intuition stärkten und mir beibrachten, mich von ihr leiten zu lassen. Die Praxis, auf meine innere Führung zu lauschen und ihr zu folgen, wurde zu einem wichtigen Teil meines Lebens, und ist es bis heute. Ich habe herausgefunden, dass der tägliche Einsatz der Intuition einen der wichtigsten Schlüssel zur persönlichen Entwicklung darstellt.

In diesem Buch möchte ich dieses Wissen an Sie weitergeben – und zwar auf einfache und praktische Weise. Es wird Ihre Lebensqualität erhöhen und Ihnen dabei helfen, sich Ihre Träume zu erfüllen.

Was ist Intuition?

Jedem Menschen und allem anderen, was existiert, wohnt eine universelle, intelligente Lebenskraft inne. Sie lebt in uns als tiefe Weisheit, als inneres Wissen. Mithilfe der Intuition erhalten wir Zugang zu dieser wunderbaren Quelle der Erkenntnis. Die Intuition ist ein innerer Sinn, der uns in jedem Augenblick unseres Lebens sagt, was gerade richtig oder falsch für uns ist.

Viele Menschen, die nicht in bewusstem Kontakt zu ihrer Intuition stehen, stellen sie sich als geheimnisvolle Kraft vor, die sich in Form von transzendenten mystischen Erlebnissen äußert. Tatsächlich ist unsere Intuition aber ein sehr praktisches, handfestes Werkzeug, das uns jederzeit zugänglich ist und uns hilft, mit den Entscheidungen, Problemen und Herausforderungen des täglichen Lebens besser fertig zu werden. Wir bezeichnen unsere intuitiven Eindrücke oft als »Bauchgefühl« oder »Ahnung«.

Intuition ist eine vollkommen natürliche Fähigkeit. Wir alle werden damit geboren. Kinder sind sehr intuitiv, was ihnen in unserer Kultur allerdings oft schon früh aberzogen wird.

Gewohnheitsmäßig glauben wir, dass manche Menschen intuitiv veranlagt seien und andere nicht. Frauen werden zum Beispiel allgemein für intuitiver gehalten als Männer. Und doch folgen viele Männer regelmäßig ihren intuitiven Ahnungen. In Wahrheit verfügen wir alle gleichermaßen über intuitives Potenzial. Manche von uns entwickeln diese Fähigkeit bewusst, während die überwiegende Mehrheit lernt, sie abzuwerten und zu leugnen. Dennoch folgen viele Menschen, ohne sich darüber im Klaren zu sein, ihrer Intuition auf unterbewusster Ebene.

Zum Glück gelingt es mit etwas Übung den meisten von uns, unsere natürlichen intuitiven Fähigkeiten wiederzubeleben und zurückzuerlangen. Wir können lernen, in ständigem Kontakt mit unserer Intuition zu leben, ihr zu folgen und zuzulassen, dass sie zum Leitstern unseres Lebens wird.

In vielen Kulturen, besonders bei den indigenen Völkern, wird die Intuition als natürlicher und wesentlicher Aspekt des Lebens anerkannt und geachtet. Bei ihnen wird jeder Moment des Alltagslebens von einem starken Gefühl der Verbundenheit mit der universellen Schöpfungsmacht geleitet. In diesen Kulturen gibt es Ratszirkel, prophetische Traumdeutungen, Gesänge, Tänze, Visionssuchen und andere wirkungsvolle Rituale, mit deren Hilfe die Verbindung des Einzelnen zum inneren intuitiven Bereich gestärkt wird. Die Menschen in diesen Kulturen lernen, ihrer eigenen inneren Wahrheit zu vertrauen, ihr zu folgen und diese Weisheit an andere weiterzugeben. Sie besitzen ein tiefes Gefühl für die wechselseitige Verbundenheit alles Lebendigen.

Unsere moderne westliche Kultur dagegen erkennt den Wert der Intuition nicht an, ja noch nicht einmal ihre bloße Existenz. Wir schätzen und entwickeln lediglich den rationalen Aspekt unseres

Wesens und bis in jüngste Zeit haben wir die intuitive Seite sogar missachtet und gering geschätzt.

Unser Bildungssystem spiegelt diese einseitige Sichtweise wider und verstärkt sie noch. In Schulen und Universitäten wird fast ausschließlich auf die Entwicklung der intellektuellen Fähigkeiten der linken Gehirnhälfte Wert gelegt, während man die Entwicklung der intuitiven, holistischen, schöpferischen Fähigkeiten der rechten Gehirnhälfte vernachlässigt. In der Geschäftswelt ist diese Einseitigkeit ebenfalls verbreitet. Erst seit ein paar Jahren entdecken manche Schulen und Firmen den wahren Wert der intuitiven Bewusstheit und der aus ihr resultierenden Kreativität und Fähigkeit zu progressivem Denken.

Der rationale Verstand ist wie ein Computer – er verarbeitet den Input, den er empfängt, und stellt auf diesen Informationen basierende logische Schlussfolgerungen an. Der rationale Verstand ist begrenzt; er kann nur die Daten verarbeiten, die er unmittelbar aus der Außenwelt erhält. Mit anderen Worten: Unser Verstand arbeitet ausschließlich auf der Basis unserer unmittelbaren Erfahrungen – jenem Wissen, das wir mithilfe unserer fünf Sinne erworben haben.

Unser intuitiver Geist hat dagegen Zugang zu einer unendlichen Informationsfülle, und zwar auch zu Informationen, die wir nicht durch unmittelbare persönliche Erfahrung erworben haben. Er ist in der Lage, ein riesiges Wissens- und Weisheitsreservoir anzuzapfen – den *universalen Geist*. Außerdem vermag er diese Informationen zu ordnen und auszuwerten, sodass er uns genau mit dem Wissen versorgt, das wir gerade benötigen. Auch wenn die Botschaft nur Stück für Stück durchdringt – wenn wir lernen, diesem Informationsfluss zu folgen, werden uns einer nach dem anderen die richtigen Handlungsschritte gezeigt. Dadurch gewinnt unser Leben eine fließende, mühelose Qualität. Unsere Gefühle und Handlungen verweben sich harmonisch mit denen unserer Mitmenschen.

Wenn ich die Auffassung vertrete, dass unsere Intuition die führende Kraft in unserem Leben sein sollte, will ich damit keinesfalls den Intellekt abwerten oder ablehnen. Unsere rationalen Fähigkeiten sind ein sehr nützliches Hilfsmittel, um unsere Erfahrungen zu ordnen, zu verstehen und aus ihnen zu lernen. Daher ist es natürlich wichtig, dass wir unseren Verstand schulen, unsere intellektuellen Kapazitäten entwickeln. Wenn wir aber versuchen, unser Leben vor allem mit dem Intellekt zu steuern, entgehen uns wesentliche Dinge. Nach meiner Erfahrung funktioniert das Leben am besten, wenn wir Logik und Intuition ausgewogen und harmonisch in unser Bewusstsein integrieren.

Viele von uns haben ihren Intellekt darauf programmiert, intuitive Eindrücke anzuzweifeln. Wenn sich ein intuitives Gefühl in uns regt, sagt unser Verstand sofort: »Ich glaube nicht, dass das funktioniert«, oder: »Was für eine dumme Idee« und die Intuition wird missachtet. Stattdessen sollten wir unseren Intellekt darauf trainieren, die intuitive Stimme zu respektieren, ihr zuzuhören und ihre Botschaften zum Ausdruck zu bringen.

Die meisten Menschen haben ihr ganzes bisheriges Leben damit zugebracht, ihren Verstand zu entwickeln. Unsere intuitiven Fähigkeiten zu entwickeln braucht glücklicherweise nicht viel Zeit- oder Arbeitsaufwand. Ich habe Tausende von Menschen durch diesen Prozess geführt und dabei festgestellt, dass nahezu alle mit etwas Anleitung und Übung in der Lage waren, mit ihrer Intuition Verbindung aufzunehmen und ihren Hinweisen zu folgen. Ist dieser Schritt einmal getan, entsteht rasch ein natürliches inneres Gleichgewicht zwischen Logik und Intuition.

Intuition und Instinkt

Viele Menschen glauben, Instinkt und Intuition seien ein und dasselbe. In Wahrheit gibt es aber deutliche Unterschiede, auch wenn beide verwandt sind.

Tiere folgen ihrem Instinkt, einer genetischen Programmierung, die auf natürliche Weise Überleben und Fortpflanzung steuert. Da Menschen Säugetiere sind, besitzen auch wir instinktive Energien, die uns zur Selbsterhaltung und Bewahrung unserer Spezies animieren. Zusätzlich zum Instinkt besitzen wir aber die Intuition, eine Fähigkeit, die uns den Zugang zu einem weit größeren Informationsspektrum eröffnet, das nicht nur dem reinen Überleben, sondern darüber hinaus unserem persönlichen Wachstum, unserem Selbstausdruck und unserer höheren Bestimmung dient. Instinktives Verhalten ist bei allen Mitgliedern einer Spezies ähnlich, während die Intuition auf unsere individuellen, momentanen Bedürfnisse abgestimmt ist.

Im Zuge der menschlichen Zivilisation entstand die Tendenz, die instinktiven Energien, zu denen Aggression und Sexualität zählen, zu unterdrücken und zu verleugnen. Bis zu einem gewissen Grad mag das notwendig sein, um eine gesellschaftliche Ordnung aufrechtzuerhalten. Werden unsere Instinkte aber zu stark unterdrückt, verlieren wir einen großen Teil unserer Lebensenergie, und unsere natürliche Fähigkeit, gut für uns selbst zu sorgen, wird erheblich beeinträchtigt. Wenn wir unsere instinktiven Energien ablehnen, verlieren wir häufig auch den Kontakt zu unserer Intuition. Es ist daher wesentlich, ein gesundes inneres Gleichgewicht zwischen Intellekt, Instinkt und Intuition zu schaffen. (Wie sich die verschiedenen Energien in uns entwickeln und ausbalancieren lassen, wird in Kapitel 8 näher beschrieben.)

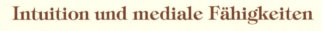

Intuition und mediale Fähigkeiten

Wenn Menschen beginnen, sich bewusst mit der Entwicklung ihrer Intuition zu beschäftigen, taucht häufig die Frage auf: »Was ist der Unterschied, falls es überhaupt einen gibt, zwischen Intuition und medialen Fähigkeiten?«

Das Wort *medial* kann auf manche Leute abschreckend wirken. Sie assoziieren damit sonderbare, bizarre Phänomene. Manche hatten vielleicht selbst ein beunruhigendes mediales oder ihnen übersinnlich erscheinendes Erlebnis oder kennen solche Berichte von anderen. Vielleicht haben sie Berichte über Medien gelesen, die sich absonderlich oder betrügerisch verhielten, oder sind selbst an ein solches vermeintliches oder tatsächliches Medium geraten. Manche Leute haben auch schlichtweg zu viele Hollywoodfilme gesehen, in denen mediale Fähigkeiten auf eine dunkle, Furcht erregende Weise dargestellt wurden.

Die Begriffe *intuitiv* und *medial* werden oft synonym verwendet. Wenn Intuition mit medialen Fähigkeiten gleichgesetzt wird, führt das bei manchen Menschen zu der Befürchtung, dass die Entwicklung ihrer Intuition sie in eine Richtung führen könnte, die ihnen nicht behagt. Andere empfinden das genaue Gegenteil: Sie sind von der Idee fasziniert, mediale Fähigkeiten einsetzen zu können, und wollen sie unbedingt entwickeln.

Daher erscheint es mir angebracht, meine Definition dieser beiden Begriffe zu erläutern. Die Intuition ist, wie gesagt, eine uns angeborene natürliche Fähigkeit. Wenn Ihre Familie und die Kultur, in der Sie aufwachsen, Ihre intuitiven Gaben unterstützen, werden sie sich für Sie zu einem natürlichen und höchst praktischen Hilfsmittel entwickeln. Falls nicht, bleiben diese Fähigkeiten unentwickelt, bis wir uns bewusst dazu entschließen, ihnen mehr Aufmerksamkeit zu widmen. Manche Menschen jedoch verfügen über einen ungewöhnlich stark entwickelten intuitiven Sinn. Entweder werden sie damit geboren oder er bildet sich früh im Leben heran. Bei diesen Menschen sprechen wir von einer natürlichen medialen Begabung. Es kommt aber auch vor, dass Menschen sich bewusst entschließen, ihre intuitiven Fähigkeiten so weit zu entwickeln, dass daraus eine ausgeprägte Medialität wird.

Mediale Menschen empfangen eine Fülle von intuitiven Informationen über sich selbst und andere. Wie jedes besondere Talent hat auch dieses nicht nur Vorteile. Die Herausforderung besteht für diese Menschen darin, diese Fähigkeit so zu integrieren, dass sie ein halbwegs normales Leben führen können.

Wir sprechen hier also von einem ganzen Spektrum möglicher Erfahrungen:

Am einen Ende des Spektrums befinden sich die noch nicht entwickelten intuitiven Gaben. Wir bewegen uns zur Mitte des Spektrums vor, wenn wir lernen, den alltäglichen intuitiven Gefühlen zu folgen, die uns den Weg in die richtige Richtung weisen. Das sind im Allgemeinen keine sehr dramatischen Eindrücke und sie liefern uns nur die Informationen, die wir jeweils im Moment benötigen. Bewegen wir uns auf dem Spektrum weiter vor, kommt es zu dramatischeren Erlebnissen, bei denen wir einen sehr starken Gefühlseindruck, eine klare Vision oder eine große Menge von Informationen empfangen. Innerhalb dieses Spektrums gibt es eine unendliche Bandbreite möglicher Erfahrungen, und in unterschiedlichen Phasen unseres Lebens kann es geschehen, dass wir uns auf dem Spektrum vor- und zurückbewegen. Manchmal kommt es beispielsweise bei einem Menschen mit völlig unentwickelter Intuition spontan zu einer dramatischen medialen Erfahrung.

Dieses Buch soll Ihnen in erster Linie bei der Erkundung des mittleren Bereiches dieses Spektrums helfen. Es zeigt Ihnen, wie Sie Ihre natürlichen intuitiven Fähigkeiten entdecken und das Vertrauen in sie aufbauen können, sodass die Intuition den ihr gebührenden Platz als positive Führungskraft in Ihrem Leben erhält. Wo immer Sie sich gegenwärtig auf dem Spektrum befinden mögen, mithilfe dieses Buches können Sie sich das Potenzial Ihrer Intuition auf eine simple, praktische Weise erschließen, die im Alltag wirklich funktioniert.

ÜBUNG

Sich an ein intuitives Gefühl erinnern

In diesem Buch werden Sie immer wieder Übungen und Meditationen finden, die Ihnen bei der Entwicklung Ihrer Intuition helfen. Es kann hilfreich sein, wenn Sie die sich dabei einstellenden Erfahrungen und Erkenntnisse in Ihrem Tagebuch oder einem Notizbuch schriftlich festhalten.

Machen Sie es sich bequem, schließen Sie die Augen und atmen Sie ein paarmal langsam und tief durch.

Versuchen Sie, sich an einen Augenblick zu erinnern, in dem sich eine starke Vorahnung, ein Gefühl des »Wissens« in Ihnen bemerkbar machte. Was für eine Situation war das? Was genau haben Sie empfunden?

Sind Sie diesem intuitiven Gefühl gefolgt? Zu welchen Resultaten hat es geführt, dass Sie ihm gefolgt oder nicht gefolgt sind?

Schreiben Sie, wenn Sie möchten, in Ihrem Notiz- oder Tagebuch ein paar Zeilen über dieses Erlebnis.

Wenn Sie sich nicht erinnern konnten, schon einmal eine solche klare intuitive Ahnung empfunden zu haben, ist das normal und völlig in Ordnung. Viele Menschen stehen noch nicht auf diese Weise mit ihrer Intuition in Kontakt. Lesen Sie einfach weiter …

Bewusstheit entwickeln

Wir alle haben ständig intuitive Gefühle. Viele von uns ignorieren, missachten oder verneinen diese Gefühle aber gewohnheitsmäßig. Meist läuft dieser Vorgang unbewusst ab; wir sind uns gar nicht darüber klar, dass wir eine intuitive Ahnung ignoriert haben. Wir wischen sie rasch beiseite und bemerken überhaupt nicht, dass ein tieferer Teil unseres Wesens sich um unsere Aufmerksamkeit bemüht.

Wenn sich Ihnen plötzlich privat oder beruflich eine gute Gelegenheit bietet, empfangen Sie vielleicht für einen kurzen Moment die Gefühlsbotschaft: »Toll, das möchte ich wirklich gerne tun!« oder: »Dabei habe ich ein gutes Gefühl.« Sofort danach denken Sie dann möglicherweise: »Nein, das kann ich nicht. Das wäre völlig unsinnig!« oder: »Was würde meine Familie davon halten?« oder: »Davon verstehe ich doch viel zu wenig. Es geht bestimmt schief und ich mache mich damit zum Narren.« Dann legen Sie die ganze Idee zu den Akten, ohne sich näher mit ihr zu beschäftigen.

Eine Freundin erzählte mir, ihr Mann habe eines Tages einen Geschäftsfreund mit nach Hause gebracht, den er als Partner in seine Firma aufnehmen wollte. Sie fand diesen Gast wirklich sympathisch, hatte aber aus irgendeinem Grund das Gefühl, dass er sich nicht gut als Partner für die Firma ihres Mannes eignen würde. Da sie aber keinen vernünftigen Grund für dieses Gefühl erkennen konnte, schwieg sie und ihr Mann nahm den Besucher als Partner in die Firma auf. Nach wenigen Tagen erzählte ihr Mann, sie hätten Schwierigkeiten mit ihm. Sie würden den Vertrag auflösen und sich nach jemand anderem umschauen.

Das momentane intuitive Gefühl, dem meine Freundin nicht gefolgt war, hatte sich also einige Tage später bestätigt. Solche Dinge habe ich bei mir selbst und in meinem persönlichen Umfeld immer wieder erlebt. Und Ihnen geht das vermutlich nicht anders.

Die Entwicklung der intuitiven Fähigkeiten beginnt damit, dass Sie genau darauf achten, was in Ihnen vorgeht, sodass Sie diese inneren Dialoge bewusst wahrnehmen, sobald sie sich ereignen, oder kurz danach. Wenn Sie sich diese inneren Vorgänge bewusst machen, werden Sie Ihre intuitiven Gefühle bemerken, sobald sie auftauchen.

Wenn sie sich dafür etwas Zeit nehmen und ein bisschen üben, gelangen die meisten Menschen ziemlich schnell zu einer klareren Wahrnehmung ihrer intuitiven Gefühle. Die nächste Herausforderung besteht dann darin, dass Sie lernen, diese intuitiven Eindrücke richtig zu deuten und sie angemessen in konkretes Handeln umzusetzen. Die Informationen und Übungen in diesem Buch werden Ihnen dabei helfen, alle diese Fertigkeiten zu entwickeln.

Denken Sie daran, dass es ein vollkommen natürlicher Vorgang ist, intuitive Gefühle zu empfangen und ihnen zu folgen. Diese Fähigkeit ist Ihnen angeboren und Sie haben sie als Kind bereits besessen. Ganz gleich, in welchem Maße Sie den Kontakt zu ihr verloren haben, mit ein wenig Übung können Sie ihn zurückerlangen.

Hier folgen einige Beispiele dafür, auf welch unterschiedliche Weise Menschen intuitive Empfindungen wahrnehmen:

Eine meiner Freundinnen sagte mir, sie wisse, wenn ihr Telefon klingelt, in neun von zehn Fällen, wer am Apparat ist. Als ihr das zum ersten Mal auffiel, fand sie es ein wenig sonderbar. Inzwischen macht es ihr aber richtig Spaß, sodass sie daraus ein kleines Spiel gemacht hat, das sie mit sich selbst spielt. Haben Sie auch schon einmal vorausgesehen, wer am Telefon ist, ehe Sie den Hörer abhoben? Oder wie oft haben Sie schon an jemanden gedacht und kurze Zeit später klingelt das Telefon und der oder die Betreffende ruft an?

Mir ging es schon öfter so, dass ich an ein bestimmtes Lied denken musste, das ich schon seit Monaten oder Jahren nicht mehr gehört hatte, und kurze Zeit später wurde es im Radio gespielt. Meine Lektorin sagt, dass sie es schon mehrere Tage im Voraus ahnt, wenn eine wichtige Sendung mit der Post unterwegs ist. Hatten Sie auch schon das Gefühl, dass etwas Wichtiges zu Ihnen »unterwegs« war, konnten aber noch nicht klar sagen, worum es sich dabei handelte?

Viele Leute aktivieren ihre Intuition beim Sport, im Beruf oder in der Schule. Kam es bei Ihnen früher vor, dass Sie *wussten*, dass der Lehrer Sie aufrufen würde, was dann auch prompt geschah? Oder *wussten* Sie vorher, dass Sie ein Tor schießen oder beim Golf einen Putt schlagen würden, und es geschah?

Sehr erfolgreiche Menschen verlassen sich bei geschäftlichen Entscheidungen auf ihre Intuition. Wissenschaftler folgen oft einer intuitiven Ahnung, welche Versuchsreihe besonders aufschlussreiche Ergebnisse verspricht. Einstein ist ein wunderbares Beispiel für einen Wissenschaftler, der auf seine Intuition achtete und sie bewusst einsetzte. Und auch die berühmte Geschichte darüber, wie Edison von der Glühbirne träumte, veranschaulicht sehr schön, wie Wissenschaft und Intuition Hand in Hand arbeiten können und wie wir in unseren Träumen intuitive Hinweise erhalten.

Die große Mehrzahl unserer intuitiven Gefühle ist jedoch so gewöhnlich und alltäglich, dass wir sie mitunter gar nicht als Ausdruck unserer Intuition erkennen. Angenommen, Sie bekommen auf einer eigentlich angenehmen Party plötzlich das Gefühl, Sie sollten besser nach Hause gehen. Dann kann es gut sein, dass sich sofort eine andere innere Stimme zu Wort meldet und sagt: »Das ist doch albern. Du kannst jetzt noch nicht gehen! Was sollen denn die anderen Leute denken?« Und dann bleiben Sie, obwohl Sie eigentlich gar nicht mehr dort sein möchten. Wenn Sie Ihrer Intuition vertrauen und dementsprechend handeln, stellen Sie vielleicht fest, dass es Ihnen momentan einfach gut tut, sich zurückzuziehen und ein wenig allein zu sein. Oder auf dem Heimweg ereignet sich etwas Besonderes oder Sie treffen gerade im richtigen Moment zu Hause ein, um einen wichtigen Telefonanruf entgegenzunehmen. Wenn wir unserer Intuition folgen, haben wir zwar oft das Gefühl, nicht genau zu wissen, was wir tun oder warum, aber in der Regel sind die Ergebnisse überraschend und interessant.

ÜBUNG

Bewusstheit

Wenn Sie den Eindruck haben, dass Sie intuitive Gefühle gewohnheitsmäßig ignorieren oder zur Seite schieben, sollten Sie für etwa eine Woche jeden Abend die folgende Übung ausprobieren.

Sorgen Sie dafür, dass Sie für eine Weile nicht gestört werden, und setzen oder legen Sie sich bequem hin. Sich in die warme Badewanne zu legen ist eine Möglichkeit, aber jeder andere angenehme und ruhige Ort eignet sich ebenso gut. Atmen Sie einige Male langsam und tief durch, und gestatten Sie es Ihrem Körper und Ihrem Geist, sich zu entspannen.

Denken Sie nun an den Moment, als Sie an diesem Morgen aufgewacht sind. Wie haben Sie sich gefühlt? Woran haben Sie gedacht? Was haben Sie nach dem Aufwachen getan? Lassen Sie nun langsam den Tag Revue passieren. Erinnern Sie sich an alle wichtigen Erlebnisse und daran, wie Sie sich dabei jeweils gefühlt haben. Versuchen Sie aber, jetzt nicht gedanklich bei diesen Erlebnissen zu verweilen; lassen Sie sie einfach vor Ihrem inneren Auge vorbeiziehen, als würden Sie einen Film anschauen.

Achten Sie dabei darauf, ob es während des Tages einen Moment gab, in dem Sie einen intuitiven Eindruck empfangen haben – den Impuls, etwas anders zu machen als sonst, eine Vorahnung, ein Gefühl, etwas ohne Grund zu wissen. Haben Sie bei der Entscheidung für eine mögliche Handlung Energie, Begeisterung, »Power« gespürt oder hatten Sie bezüglich der zu treffenden Entscheidung ein Gefühl der Leere oder des Energiemangels?

Wenn Sie erkennen, dass Sie im Tagesverlauf ein solches intuitives Gefühl hatten, versuchen Sie sich zu erinnern, wie Sie damit umgegangen sind. Haben Sie ihm Beachtung geschenkt und ihm weiter nachgespürt? Oder haben Sie es rasch weggeschoben und nicht weiter beachtet? Wie haben Sie sich hinterher gefühlt?

Wenn wir einem echten intuitiven Gefühl folgen, entwickeln sich die Dinge in der Regel gut (wenn auch manchmal auf ziemlich unerwartete und überraschende Weise). Wir fühlen uns energetisiert und belebt und haben den Eindruck, harmonisch im Fluss des Lebens dahinzugleiten. Folgen wir unserer Intuition dagegen nicht, fühlen wir uns hinterher oft etwas geschwächt, deprimiert oder betäubt. Wir haben den Eindruck, blockiert zu sein und uns ungeheuer anstrengen zu müssen, um vorwärts zu kommen. Es ist dann, als kämpften wir gegen die Strömung des Lebens an.

Möglicherweise fällt es Ihnen zurzeit noch schwer, Ihre intuitiven Gefühle von den vielen anderen inneren Stimmen und Empfindungen zu unterscheiden. Damit werden wir uns weiter hinten in diesem Buch beschäftigen. Versuchen Sie zunächst, überhaupt zu bemerken, ob Sie *vielleicht* einen intuitiven Impuls empfangen haben. Und schauen Sie dann, was Sie mit dieser intuitiven Information anfangen können.

Wenn Sie unsicher sind, ob Sie überhaupt jemals intuitive Gefühle haben, brauchen Sie sich deswegen keine Sorgen zu machen. Lesen Sie weiter und befassen Sie sich mit den Übungen, dann wird sich schon bald eine größere innere Klarheit einstellen.

Wenn Sie Ihre Tagesrückschau beendet und sich die im Lauf des Tages möglicherweise aufgetretenen intuitiven Gefühle und Ihre Reaktion darauf vergegenwärtigt haben, ist es Zeit, sich von alldem zu lösen und sich zu entspannen. Denken Sie daran, dass es lediglich darum geht, die eigene *Bewusstheit* zu erhöhen. Dies dient dem Zweck, sich über Ihren Umgang mit der Intuition klarer zu werden, damit Sie lernen können, in bessere Beziehung zu ihr zu treten. Verurteilen oder kritisieren Sie sich also bitte nicht, wenn Sie merken, dass Sie Ihren intuitiven Gefühlen bislang kaum Beachtung geschenkt haben. Vielmehr sollten Sie sich dazu beglückwünschen, dass Sie den Wunsch haben und bereit sind, es ab jetzt zu lernen und sich weiterzuentwickeln!

Wenn Sie ein Tagebuch führen, können Sie sich jeden Abend nachdem Sie diese Übung ausgeführt haben, ein paar Notizen über Ihre Erfahrungen und Fortschritte machen.

Viele Menschen finden diese Praxis, am Abend meditative Rückschau auf den vergangenen Tag zu halten, so hilfreich und nützlich, dass sie daraus eine regelmäßige Bewusstheitsübung machen.

Selbstvertrauen

Dass so viele von uns ihrer Intuition nicht vertrauen und folgen, liegt zu einem großen Teil daran, dass uns von Kindheit an beigebracht wird, uns an die Erwartungen unserer Umgebung anzupassen, bestimmte Verhaltensregeln zu beachten und unsere spontanen Impulse zu unterdrücken. Auch haben wir gelernt, uns bei äußeren Autoritäten Antworten zu holen und uns ihnen zu unterwerfen, statt nach innen zu blicken und auf unsere innere Stimme zu hören.

Diese äußeren Autoritäten können viele verschiedene Formen haben. In der Kindheit kann es sich dabei um unsere Eltern handeln, Großeltern, ältere Geschwister, unsere Religion (mit Gott als der höchsten aller Autoritätsfiguren!), die Schule und die Lehrer, die Clique von Gleichaltrigen und die in unserer Kultur vorherrschenden Normen. Später, als Erwachsene, richten wir uns dann zusätzlich nach unseren Lebenspartnern, Arbeitgebern, Ärzten, Anwälten und anderen Experten aus.

Natürlich ist es während der Kindheit notwendig und angemessen, dass wir Führung und Anleitung durch unsere Eltern, durch

Lehrer und andere Personen empfangen. Sie haben die Verantwortung, uns bei unserer Entwicklung zu helfen. Auch als Erwachsene brauchen wir oft Informationen und den Rat von anderen, die mehr über ein bestimmtes Gebiet wissen als wir selbst.

Problematisch wird dies jedoch, wenn wir zugunsten dieser äußeren Autoritäten unsere eigenen Gefühle und intuitiven Eingebungen vernachlässigen. Dann glauben wir, die Antworten auf unsere Lebensfragen lägen außerhalb, nicht in uns, und die Orientierung am Verhalten der anderen wird zu einer lebenslangen Gewohnheit. Wir denken, andere wüssten besser als wir, was gut und richtig für uns ist. Wir lernen, uns selbst und unserem eigenen Gefühl für die Wahrheit zu misstrauen, unserer inneren Autorität.

Eine Teilnehmerin eines meiner Workshops besaß und leitete eine erfolgreiche Public-Relations-Firma. Sie erzählte mir, dass sie immer schon Geschäftsfrauen mit einem abgeschlossenen Wirtschaftsstudium bewundert hätte, weil ihr selbst ein solcher Hochschulabschluss fehlte. Einmal stellte sie eine studierte Betriebswirtin als Beraterin ein. Diese Frau gab ihr den Rat, in ihrer Firma einige Veränderungen vorzunehmen, bei denen sie selbst jedoch intuitiv kein gutes Gefühl hatte. Sie vertraute der Fachkenntnis dieser Beraterin mehr als ihrem eigenen Gespür und befolgte deren Ratschläge – was dann für ihre Firma letztlich negative Konsequenzen hatte. Sie erzählte mir, das sei ihr eine Lehre gewesen, sich bei ihren geschäftlichen Entscheidungen künftig auf ihre eigene Intuition zu verlassen.

Ich kenne eine Frau, deren Tochter immer ausgezeichnete Noten mit nach Hause gebracht hatte. Plötzlich sanken ihre schulischen Leistungen jedoch dramatisch. Meine Bekannte versuchte, mit ihrer Tochter darüber zu reden, erhielt von ihr aber nur ausweichende Antworten. Daraufhin sprach sie mit Freunden und der Familie über ihre Sorge. Sie alle rieten ihr, sich nicht zu viele Gedanken zu machen, diese Phase bei ihrer Tochter werde bestimmt rasch wieder vorbeigehen. Schließlich ging sie mit ihr zu einem Therapeuten, der auch nur zu dem Schluss kam, ihre Tochter zeige typisches »Teenagerverhalten« – es bestehe kein Grund zur Besorgnis. Doch ihre Intuition sagte meiner Bekannten immer wieder, dass etwas Ernstes und Gefährliches mit ihrer Tochter vorging, und wegen dieses »Gefühls« suchte sie weiter nach Antworten.

Schließlich fand sie heraus, dass ihre Tochter regelmäßig Rauschgift konsumierte. Als meine Bekannte sie zur Rede stellte, brach ihre Tochter zusammen und gestand, dass sie sich nicht mehr im Griff habe und dringend Hilfe brauche. Daraufhin brachte meine Bekannte sie in einem Therapiezentrum mit angeschlossener Schule unter. Inzwischen geht es ihrer Tochter bereits deutlich besser. Sie arbeitet ihre Depressionen therapeutisch auf und ist seit zwei Jahren drogenfrei. Zum ersten Mal in ihrem Leben entwickelt sie ein positives Selbstwertgefühl. Mutter und Tochter haben heute eine viel engere Beziehung. Die Tochter ist sehr dankbar dafür, dass die Mutter damals auf ihre Gefühle hörte und ihr damit vermutlich das Leben rettete.

Mochten Verwandte, Freunde und zurate gezogene Fachleute ihr noch so oft sagen, dass »alles in Ordnung« sei – meine Bekannte *wusste*, dass ihre Tochter in Gefahr war, und handelte entsprechend ihrer Intuition.

Das Verhaltensmuster, zu viel Macht an äußere Autoritäten abzugeben, verleitet manche nach persönlicher Entwicklung und spirituellem Wachstum strebende Menschen leider dazu, sich in eine übermäßige Abhängigkeit zu einem Lehrer oder Guru zu begeben. Und leider gibt es in der Esoterik- und New-Age-Szene viele Lehrer, die bewusst oder unbewusst solche Abhängigkeiten fördern – sei es aus Profitinteresse und weil sie das damit einhergehende Machtgefühl genießen oder aber weil sie aufrichtig glauben, ihren Schülern auf diese Weise helfen zu können. Eine solche von Abhängigkeit gekennzeichnete Lehrer-Schüler-Beziehung kann in einem bestimmten Stadium des persönlichen Lernprozesses manchmal sinnvoll sein. Früher oder später müssen wir uns aber klar machen, dass letztlich nur unsere eigene angeborene Weisheit weiß, was wahr und richtig für uns ist. Wir müssen lernen, unserem eigenen »inneren Lehrer« zu vertrauen, der uns mithilfe der Intuition den Weg weist.

Haben wir es uns einmal zur festen Gewohnheit gemacht, auf unsere Intuition zu lauschen und unserer inneren Stimme zu vertrauen, können wir auf neue Weise zu Lehrern, Ärzten und anderen Experten in Beziehung treten. Wenn wir Unterstützung oder Fachwissen von außen benötigen, können wir uns von unserer Intuition zu den richtigen Menschen führen lassen. Wir können uns den Rat dieser Experten mit Respekt und offener Geisteshaltung anhören in dem Vertrauen, dass sie uns etwas von Wert mitzuteilen haben, da unsere Intuition uns ja zu ihnen geführt hat. Dann können wir das, was wir von ihnen erfahren haben, in Ruhe durchdenken, dabei auf unsere intuitiven Gefühle achten, die uns sagen, was richtig ist und was nicht, und dann die für uns angemessene Entscheidung treffen. Mit anderen Worten: Wir sind offen, bei Bedarf Rat und Hilfe von anderen Menschen anzunehmen, geben unsere Macht und Autorität aber nicht an sie ab.

Einer meiner Freunde litt beispielsweise unter schlimmen Rückenschmerzen. Der Arzt, den er konsultierte, riet zur Operation.

Mein Freund ließ sich einen Termin für den Eingriff geben, wurde dann aber von starken Zweifeln befallen, ob die Operation wirklich der richtige Schritt war. Einer intuitiven Eingebung folgend suchte er einen anderen Arzt auf, um eine zweite Meinung einzuholen. Dieser Arzt empfahl ihm, die Operation erst einmal zu verschieben und es zunächst mit Massagen und einer osteopathischen Behandlung zu versuchen. Wie sich herausstellte, genügte diese Therapie, um seinen Rücken innerhalb weniger Monate völlig wiederherzustellen, sodass eine Operation überflüssig wurde.

Ich will damit keineswegs sagen, dass man ärztliche Empfehlungen grundsätzlich in den Wind schlagen sollte. Und in vielen Situationen kann ein operativer Eingriff absolut angemessen und notwendig sein. Aber dieses Beispiel verdeutlicht, dass es sich lohnen kann, wenn wir auf unsere intuitiven Gefühle achten und nach möglichen Alternativen suchen, ehe wir eine wichtige Entscheidung treffen.

Nicht nur die Gewohnheit, uns nach äußeren Autoritäten zu richten, kann uns veranlassen, unsere intuitiven Gefühle in Zweifel zu ziehen oder zu missachten. Oft ist es auch unsere Art des Umgangs mit der Familie und mit Freunden, die es uns erschwert, auf unsere intuitive innere Stimme zu hören und ihr zu vertrauen. Viele von uns sind im Übermaß bestrebt, die von ihnen geliebten Menschen zufrieden zu stellen und sich um sie zu kümmern. Sobald sie fürchten, jemanden, der ihnen viel bedeutet, zu verärgern oder zu enttäuschen, fällt es ihnen extrem schwer, auf ihre Intuition zu hören oder ihr zu vertrauen.

Einer meiner Klienten tat sich schwer damit, sich einzugestehen, dass er etwas Zeit für sich benötigte. Wenn er nicht seine gesamte Freizeit seiner Frau und seinen Kindern widmete, litt er unter Schuldgefühlen. Schließlich folgte er aber doch seiner Intuition, und es zeigte sich, dass seine Familie durchaus damit einverstanden war, dass er einen Abend in der Woche für sich allein verbrachte.

Natürlich müssen in jeder zwischenmenschlichen Beziehung Kompromisse ausgehandelt werden, die für alle Beteiligten akzeptabel sind. Aber oft finden sich erstaunlich rasch gute Lösungen, wenn die Beteiligten Gelegenheit erhalten, ihre Bedürfnisse und Gefühle – auch ihre intuitiven Gefühle – offen zu artikulieren.

Eine gute Freundin erzählte mir kürzlich, dass sie und ihr Verlobter kurz vor der Hochzeit ein langes, aufrichtiges Gespräch geführt hätten, bei dem klar wurde, dass sie beide ihre Hochzeit als schweren Fehler empfanden. Doch sie brachten es einfach nicht fertig, ihre Familien und Freunde zu enttäuschen, und deshalb setzten sie die Hochzeitsvorbereitungen fort und blieben mehrere unglückliche Jahre hindurch verheiratet. Es hätte sie beide enorm viel Mut gekostet, zu ihrer inneren Wahrheit zu stehen und die Hochzeit abzusagen, aber dadurch wären ihnen jahrelange Schmerzen und Probleme erspart geblieben. Schon lange vor jenem Gespräch hatten sie beide wohl intuitiv gespürt, dass die Ehe ein Fehler war. Hätten sie von Anfang an auf diese intuitiven Empfindungen gehört, hätten sie ihre Beziehung zu einem Zeitpunkt beenden können, als dies für alle Beteiligten noch viel einfacher gewesen wäre.

ÜBUNG

Vertrauen lernen

Setzen oder legen Sie sich bequem hin, schließen Sie die Augen und atmen Sie ein paarmal langsam und tief durch. Können Sie sich an eine Zeit erinnern, als Sie ein deutliches intuitives Gefühl bezüglich einer bestimmten Angelegenheit verspürt haben, diesem aber nicht gefolgt sind, sondern stattdessen auf das gehört haben, was andere Menschen Ihnen in dieser Angelegenheit rieten? Wie haben Sie sich hinterher gefühlt? Wie hat sich die betreffende Angelegenheit entwickelt?

Wenn Sie möchten, können Sie ein paar Zeilen zu dieser Erfahrung in Ihr Tage- oder Notizbuch schreiben.

Entspannung

Damit wir mit unserer Intuition in Kontakt treten können, ist es wichtig, dass wir lernen, Körper und Geist zu entspannen. Nur dann kann Ihre Aufmerksamkeit aus dem Kopf »herabsinken« und einen tieferen Ort in Ihrem Körper erreichen, wo Ihre intuitiven Empfindungen angesiedelt sind. Einfach die Aufmerksamkeit hinunter in die Körpermitte zu lenken kann Sie Ihrer Intuition ein großes Stück näher bringen.

In der modernen Welt sind wir so daran gewöhnt, ständig unter Stress zu stehen, dass viele von uns gar nicht mehr wissen, wie man sich körperlich, geistig und emotional entspannt – außer im Schlaf, und selbst dann gelingt vielen die Entspannung nicht mehr!

Damit Sie den größtmöglichen Nutzen aus den Übungen in diesem Buch ziehen können, ist es also wichtig, dass Sie in der Lage sind, sich körperlich und geistig zu entspannen. Jede Meditation beginnt mit einer kurzen, außerordentlich wirksamen Entspannungsübung. Manche von Ihnen werden bereits Ihre eigene Entspannungstechnik oder Meditationsmethode entdeckt haben, die bei Ihnen gut funktioniert. Wenn das der Fall ist, können Sie selbstverständlich auch diese als Vorbereitung auf die meditativen Übungen in diesem Buch benutzen.

Wenn Sie eine intensivere Entspannungspraxis benötigen, sollten Sie die folgende Übung ausprobieren. Mit hoher Wahrscheinlichkeit wird sie in Ihnen einen Zustand tiefer Ruhe und inneren Friedens hervorrufen.

ÜBUNG

Entspannung

Diese Übung dient dazu, einen tief entspannten Zustand herbeizuführen. So wie beim Erwerb jeder neuen Fähigkeit, etwa dem Radfahren oder dem Spielen eines Musikinstrumentes, werden Sie auch hier eine Weile benötigen, um Körper und Geist auf das neue Verhaltensmuster zu trainieren. Die nachfolgenden Instruktionen helfen Ihnen, mit minimalem Zeitaufwand eine harmonische und ausgewogene Entspannungsreaktion herbeizuführen. Wenn Sie diese längere Version einige Male geübt haben, werden Sie schon bald in der Lage sein, innerhalb weniger Sekunden in einen tief entspannten Zustand zu gelangen, indem Sie einfach die Augen schließen und ein paarmal tief durchatmen.

Nehmen Sie sich bewusst fünf bis zehn Minuten Zeit, sich zu entspannen, ohne an andere Dinge zu denken, die zu erledigen sind. Begeben Sie sich an einen Ort, wo Sie ungestört sind, und wählen Sie eine dafür geeignete Tageszeit. Lockern Sie eng sitzende Kleidungsstücke.[2]

Setzen Sie sich auf einem bequemen Stuhl aufrecht hin und legen Sie die Hände geöffnet in den Schoß. Oder legen Sie sich auf den Rücken, wobei Sie sich, wenn das bequemer ist, ein kleines Kissen unter den Nacken und eines unter die Knie schieben können.

Holen Sie tief Luft, und entspannen Sie, während Sie langsam ausatmen, die Schultern.

---

[2] Diese Übung stammt von Hal Bennett und findet sich auch in meinem Buch *Wege der Wandlung*.

Öffnen Sie den Mund weit. Gähnen Sie, oder tun Sie so, als würden Sie gähnen.

Entspannen und lockern Sie nun den Bereich um die Augen und die Stirn. Entspannen Sie die Nase, den Mundbereich und den Kiefer.

Atmen Sie langsam und leicht.

Wenn zu diesem Zeitpunkt Gedanken oder Gefühle auftauchen, sollten Sie darauf so reagieren wie auf das Telefon Ihres Nachbarn: Sie hören das Läuten, wissen aber, dass Sie ihm weiter keine Beachtung schenken brauchen.

Atmen Sie langsam und sanft ein, und stellen Sie sich vor, dass die Luft durch Ihr rechtes Nasenloch strömt. Halten Sie den Atem einen Augenblick an. Atmen Sie dann langsam und mit Wohlbehagen aus, wobei Sie sich vorstellen, dass die Luft durch das linke Nasenloch ausströmt.

Atmen Sie erneut tief durch. Stellen Sie sich diesmal vor, dass Sie durch das linke Nasenloch ein- und durch das rechte ausatmen.

Konzentrieren Sie sich darauf, wie sich Ihr Atem anfühlt – auf das kühle Gefühl in Ihren Nasenlöchern beim Einatmen, auf das sanfte Ausdehnen Ihrer Lunge, auf die leichte Wärme in Ihrer Nase, wenn Sie ausatmen. Wenn Sie möchten, können Sie die Luft, die in Ihren Körper strömt und ihn wieder verlässt, in einer schönen, pulsierenden Farbe visualisieren.

Atmen Sie mindestens vier Atemzyklen nach diesem Schema. Ein Atemzyklus ist ein vollständiges Ein- und Ausatmen.

Richten Sie Ihre Aufmerksamkeit bei jedem Atemzyklus auf einen anderen Teil Ihres Körpers:

Spüren Sie, wie sich Ihre Füße entspannen.

Spüren Sie, wie sich Ihre Beine entspannen.

Spüren Sie, wie sich Ihr Gesäß entspannt.
Spüren Sie, wie sich Ihr Bauch entspannt.
Spüren Sie, wie sich Ihre Arme und Hände entspannen.
Spüren Sie, wie sich Ihre obere Rückenpartie entspannt.
Spüren Sie, wie sich Ihr Brustkorb entspannt.
Spüren Sie, wie sich Ihr Nacken und Ihre Schultern entspannen.
Spüren Sie, wie sich Ihr Kopf entspannt.
Kehren Sie nun wieder zu Ihrem normalen Atemmuster zurück, und genießen Sie den Entspannungszustand, den Sie erreicht haben.

Praktizieren Sie diese Entspannungsübung bei jeder sich bietenden Gelegenheit oder wenn Sie das Bedürfnis verspüren, abzuschalten und sich auszuruhen – bei der Arbeit, zu Hause oder in Ihrer Freizeit. Wenn Sie möchten, können Sie sie vor jeder der in diesem Buch beschriebenen Meditationen praktizieren.

Wenn Sie große Schwierigkeiten haben, sich zu entspannen, und Ihnen diese Übung nicht weiterhilft, habe ich hier noch einige andere Vorschläge:

1. Tun Sie etwas, das Ihnen Spaß macht und körperliche Anstrengung erfordert – Spazierengehen, Laufen oder zu flotter Musik tanzen –, bis Sie sich angenehm erschöpft fühlen. Legen Sie sich dann hin und entspannen Sie sich tief.

2. Wählen Sie eine ruhige, entspannende Musik aus, die Sie gerne hören, legen Sie sich hin, lauschen Sie dieser Musik und lassen Sie sich ganz von ihr erfüllen.

3. Hören Sie eine Kassette mit einer geführten Meditation.

4. Nehmen Sie an einem Meditations-, Yoga- oder Entspannungskurs teil.

Mit der Zeit wird es Ihnen gelingen, rasch und mühelos in den Entspannungszustand zu gelangen. Höchstwahrscheinlich werden dann ein paar tiefe Atemzüge genügen, um eine tiefe Entspannung herbeizuführen. Wie bei jeder neuen Fertigkeit, mag der Anfang ein wenig schwierig sein, aber mit etwas Übung wird es leichter.

Seien Sie nett zu sich selbst. Setzen Sie sich nicht unter Druck, damit die Übung Ihnen nicht noch mehr Stress bereitet, statt Sie zu entspannen. Denken Sie daran, dass Sie sich lediglich darauf vorbereiten, Ihrem eigenen inneren Wissen zu lauschen.

Kapitel 5

Kontakt mit der Intuition aufnehmen

Viele von uns haben von Zeit zu Zeit intuitive »Geistesblitze«. Vermutlich werden Sie bei der Lektüre dieses Buches erkennen, dass Sie öfter intuitive Gefühle verspüren, als Ihnen bislang klar war, und dass Sie viele davon missachtet haben, ohne sich dessen voll bewusst zu sein.

In Wahrheit ist unsere innere Weisheit natürlich unaufhörlich in uns präsent und versucht stets, zu uns durchzudringen, uns zu leiten und zu inspirieren. Die meisten von uns wissen nur nicht, wie sie bewusst und regelmäßig den Kontakt zu ihr herstellen können. Glücklicherweise kann man das lernen.

Hier folgt nun eine grundlegende Meditation, mit deren Hilfe Sie Verbindung mit Ihrer intuitiven inneren Führung aufnehmen können. Ich praktiziere sie seit zwanzig Jahren und habe Tausenden von Menschen gezeigt, wie sie mit dieser Methode Zugang zu ihrer Intuition erhalten.

Meditation

Kontakt zur inneren Führung aufnehmen

Begeben Sie sich an einen Ort, an dem Sie für ein paar Minuten ungestört sind. Setzen oder legen Sie sich bequem hin, mit gerader und gut abgestützter Wirbelsäule. Schließen Sie die Augen.

Atmen Sie tief ein, und entspannen Sie, während Sie langsam ausatmen, Ihren Körper. Atmen Sie wieder tief ein und entspannen Sie beim Ausatmen Ihren Körper noch etwas mehr. Atmen Sie erneut tief ein, und entspannen Sie beim Ausatmen Ihren Körper so tief und vollständig, wie Sie können. Wenn Sie in irgendeinem Teil Ihres Körpers noch Spannungen spüren, atmen Sie sanft in diesen Teil hinein, sodass sich auch hier eine völlige Entspannung einstellt.

Nehmen Sie erneut einen tiefen Atemzug und entspannen Sie beim Ausatmen Ihren Geist. Lassen Sie Ihre Gedanken sanft davontreiben. Lassen Sie jeden neuen Gedanken, der Ihnen in den Sinn kommt, einfach ziehen. Es gibt keinen Grund, irgendeinem dieser Gedanken größere Beachtung zu schenken. Lassen Sie sie einfach vorüberziehen, und richten Sie Ihre Aufmerksamkeit wieder darauf, langsam, tief und entspannt zu atmen.

Atmen Sie wieder tief ein, und stellen Sie sich nun beim Ausatmen vor, dass Sie Ihre Aufmerksamkeit aus dem Kopf langsam hinunter in den Körper wandern lassen, in den Bereich von Solarplexus und Bauch. Verweilen Sie dort einen Moment.

Wenn Sie das nächste Mal ausatmen, lassen Sie Ihre Aufmerksamkeit zu einem sehr ruhigen, friedlichen Ort tief in Ihrem Inneren wandern. Mit jedem Ausatmen sinken Sie immer tiefer in diesen Bereich der Stille hinein, bis Sie zu dem friedvollsten Ort gelangen, den Sie in Ihrem Inneren finden können. Ruhen Sie sich dort eine Weile aus.

An diesem Ort des Friedens können Sie ganz leicht und natürlich mit Ihrer inneren Führung Verbindung aufnehmen. Denken Sie sich diese innere Führung als Ihr eigenes weises Selbst, das an diesem inneren Ort des Friedens wohnt. Es weiß ganz genau, was gerade gut und richtig für Sie ist und welches Wissen Sie benötigen.

Fragen Sie sich nun: »Gibt es etwas, woran ich mich jetzt erinnern sollte, oder Informationen und Hinweise, die im Moment von Wichtigkeit sind?«

Nachdem Sie diese Frage gestellt haben, entspannen Sie sich weiter und seien Sie offen für mögliche Antworten Ihrer Intuition. Schauen Sie, ob ein Gedanke, ein Gefühl oder ein Bild auftaucht. Akzeptieren Sie alles, was kommt, und verweilen Sie ein wenig bei diesen inneren Eindrücken. Es ist nicht notwendig, sie zu verstehen oder zu analysieren. Verweilen Sie einfach auf offene, aufnahmebereite Weise bei ihnen.

Möglicherweise haben Sie das Gefühl, dass Sie sich lediglich »etwas ausdenken«. Das ist völlig in Ordnung – auch das, was Sie sich während dieser Meditation »ausdenken«, ist sehr aufschlussreich. Lassen Sie den Dingen einfach ihren Lauf.

Es kann auch vorkommen, dass Sie den Eindruck haben, dass gar nichts passiert, Sie gar nichts empfangen. Das ist ebenfalls in Ordnung. Versuchen Sie nicht, etwas zu erzwingen. Damit behindern Sie nur den natürlichen Ablauf. Wenn momenten keine intuitiven Informationen kommen wollen, akzeptieren Sie das einfach.

Haben Sie aber einen Gedanken, ein Gefühl und/oder ein inneres Bild empfangen, lassen Sie diese Eindrücke einfach eine Weile auf sich einwirken. Wenn Sie spüren, dass der Vorgang einstweilen abgeschlossen ist, lenken Sie Ihre Aufmerksamkeit wieder zu Ihrem Atem. Achten Sie darauf, wie Ihr Körper sich anfühlt, und werden Sie sich Ihrer Umgebung wieder bewusst. Wenn Sie innerlich bereit sind, öffnen Sie die Augen.

Wenn Sie möchten, können Sie die »Botschaften«, die Sie empfangen haben, anschließend aufschreiben. Wenn nicht, denken Sie einfach noch ein wenig über sie nach, ehe Sie sich wieder Ihrem Alltag zuwenden.

Diese Übung lässt sich besonders gut am Morgen, ehe Sie den Tag beginnen, ausführen oder am Abend vor dem Schlafengehen. Nach Möglichkeit sollten Sie sie für eine Weile mindestens einmal täglich praktizieren; zweimal täglich ist noch besser. Wenn Ihnen das nicht gelingen will, versuchen Sie, sich wenigstens ein- bis zweimal in der Woche Zeit dafür zu nehmen. Wenn Sie sich an die Übung gewöhnt haben, werden Sie problemlos mit fünf bis zehn Minuten auskommen.

Die von mir in der Meditation verwendete Frage »Gibt es etwas, woran ich mich jetzt erinnern sollte, oder Informationen und Hinweise, die im Moment von Wichtigkeit sind?« ist sehr allgemein gehalten. Ich habe festgestellt, dass sie vielen Menschen ausgezeichnet dabei hilft, sich für die Mitteilungen ihrer Intuition zu öffnen. Aber Sie können selbstverständlich jede Frage verwenden, die Ihnen weiterhilft, auch spezifischere wie zum Beispiel: »Welchen Weg soll ich jetzt einschlagen?« Oder: »Welchen Schritt soll ich als Nächstes tun?« Oder: »Was kann ich mir jetzt im

Moment Gutes tun?« Oder sogar: »Soll ich dieses Stellenangebot annehmen?«

Nach dieser Meditation sollten Sie im weiteren Tagesverlauf öfter innehalten und darauf achten, was in Ihnen vorgeht. Versuchen Sie während der nächsten Tage offen zu sein für alle Gedanken, Gefühle oder äußeren Erlebnisse, die in Bezug zu der von Ihnen gestellten Frage stehen. Üben Sie sich darin, allen intuitiven Impulsen nachzugehen, und beobachten Sie, wie die Dinge sich entwickeln.

Die Menschen machen mit dieser Meditationsübung ganz unterschiedliche Erfahrungen. Viele Leute empfangen während des Übens einen Gedanken, einen Gefühlseindruck und/oder ein inneres Bild, das eine klare Botschaft enthält und ihnen sofort weiterhilft. Je öfter Sie die Übung durchführen, desto wahrscheinlicher wird es, dass Sie klare, einfache Botschaften empfangen, die sich mühelos interpretieren und verstehen lassen.

Wie schon gesagt, haben manche Menschen das Gefühl, dass es sich bei der Antwort nicht um eine intuitive »Eingebung« handelt, sondern dass sie sich sie nur »ausgedacht« haben. Nach meiner Erfahrung ist es am besten, die sich einstellenden Antworten einfach zu akzeptieren, solange sie Ihnen richtig erscheinen. Die Sorge, etwas falsch zu machen, blockiert den Informationsfluss; Vertrauen in die eigene Erfahrung öffnet den inneren Informationskanal. Wenn Sie also das Gefühl haben, sich lediglich etwas auszudenken, dann vertrauen Sie einfach darauf, dass alles, was Sie sich im Verlauf der Meditation ausdenken, von Bedeutung ist.

Kürzlich führte ich diese Meditation mit den Teilnehmern eines meiner Seminare durch und hier folgen einige der »Botschaften«, die dabei empfangen wurden:

Eine Frau empfing die Botschaft: »Hab mehr Spaß am Leben!«
Dabei sah sie sich zuerst Karussell fahren und dann am Abend im warmen Meerwasser vor einem schönen mexikanischen Strand schwimmen.

Bei beiden inneren Bildern handelt es sich um vergnügliche, körperlich angenehme, sinnliche Erfahrungen, bei denen der Intellekt keine Rolle spielt. Diese Frau ist ein sehr rationaler Mensch. Sie deutete die Botschaft dahingehend, dass ihre Intuition sie darauf hinwies, sich mehr körperliche Freuden zu gönnen.

Eine Frau sah ein Schild, auf dem in großen Buchstaben das Wort GESUNDHEIT zu lesen war.

Sie litt zu diesem Zeitpunkt unter gesundheitlichen Beschwerden und deutete die Botschaft als Mahnung, ihrer Gesundheit mehr Aufmerksamkeit zu widmen.

Ein Mann empfing ein inneres Bild, in dem er sich an einem warmen Meeresstrand sitzen sah. Das Gefühl war: »Mach dir keine Sorgen, es ist alles okay.«

Eine andere Frau hörte die Worte: »Hab Vertrauen, fürchte dich nicht.«

Sie interpretierte das als Hinweis, sich nicht zu viele Sorgen zu machen, sich zu entspannen und Vertrauen in den eigenen Entwicklungsweg zu haben.

Eine Frau empfing ein Bild von einer großen Braunbärin, deren ruhige Kraft so machtvoll war, das sie keinerlei Aggressivität benötigte, um sich zu behaupten.

Dieses innere Bild empfängt diese Frau häufig. Die Bärin steht für ihre persönliche Macht, die zu akzeptieren sie allmählich lernt. Diesmal war die Bärin aufgeregt und glücklich, tanzte beinahe, weil die Frau gerade einen persönlichen Durchbruch erlebt hatte. Es war ihr gelungen, eine schwierige Situation zu meistern, indem sie auf ihre innere Kraft vertraut hatte.

Ein Mann empfing die Worte: »Liebe ist die Antwort.«
Er hatte kürzlich etwas sehr Ärgerliches erlebt und verspürte starke Wut. Seine innere Botschaft deutete er als Hinweis, sich nicht in seiner Wut festzufahren, sondern sich an die Macht der Vergebung zu erinnern.

Ein Mann sah sich auf einer Wiese, in Gegenwart einer starken Frau, für die er große Achtung empfand. Sie saß auf einem Pferd und trug das Kostüm einer Kriegerin/Göttin. Er verneigte sich ehrerbietig vor ihr. Sie sagte zu ihm: »Gib deine Macht nicht an mich ab. Du sollst mich nicht demütig anbeten! Sei mein starker Ritter!«
Er empfand das als symbolische Darstellung seiner Neigung, seine persönliche Macht an Frauen abzugeben. Die Frau in dem inneren Bild repräsentierte seine eigene kraftvolle weibliche Seite.

Manche Menschen empfangen eine Botschaft, die unklar oder schwer zu deuten ist. Machen Sie sich keine Sorgen, wenn die intuitive Nachricht sich einer logischen Deutung entzieht. Wie bei unseren Träumen wirken auch unsere intuitiven Bilder und Gefühle oft auf einer tieferen, dem Wachbewusstsein nicht immer zugänglichen Ebene. Suchen Sie nicht angestrengt nach dem möglichen Sinn. Lassen Sie los, und vertrauen Sie darauf, dass die Wirkung auf einer tieferen Ebene erfolgt. Manchmal taucht die Antwort dann später ganz spontan auf.

Eine meiner Seminarteilnehmerinnen empfing, während sie diese Meditation praktizierte, eines Tages das innere Bild eines hell lodernden Feuers. Sie hatte keine Ahnung, was diese Botschaft bedeuten mochte. Ein paar Tage später wachte sie morgens plötzlich mit der Erkenntnis auf, dass sie eine Menge unterdrückten Ärger in sich trug, den sie zum Ausdruck bringen und verarbeiten musste. Ihre Intuition hatte ihr den nächsten Schritt in ihrem Heilungsprozess offenbart. Natürlich kann das gleiche Bild bei einem anderen Menschen eine völlig andere Bedeutung haben.

Selbst wenn eine intuitive Botschaft Ihnen auch nach Tagen noch unverständlich bleibt, seien Sie unbesorgt. Wenn die Botschaft wichtig ist, wird sie auf irgendeine Weise erneut in Ihr Bewusstsein dringen.

Auch wenn Sie überhaupt keine Antwort auf die in der Meditation gestellte Frage erhalten, weder als Gedanke noch als Gefühl oder inneres Bild, braucht Sie das nicht zu beunruhigen. Hier sind zwei mögliche Gründe:

1. Wenn die Arbeit mit der Intuition völlig neu für Sie ist, oder wenn Sie diese Meditation zum ersten Mal ausprobieren, kann es sein, dass Sie etwas Zeit und Übung benötigen, bevor Sie sich entspannt und offen genug fühlen, um Ihrer Erfahrung zu vertrauen.

2. Selbst für sehr erfahrene und intuitiv besonders entwickelte Menschen gilt, dass die Antwort, die wir benötigen, oft nicht sofort kommt. Es gibt häufig eine »verzögerte Reaktion«. Wir bitten um intuitive Führung in einer bestimmten Angelegenheit, erhalten aber

nicht sogleich die erhoffte Botschaft. Doch ein paar Stunden oder Tage später taucht die Antwort auf unsere Frage unvermittelt in unserem Geist auf.

Interessant ist, dass neben den erwähnten inneren intuitiven Botschaften die Antwort unserer Intuition auch scheinbar von außen kommen kann.

Es könnte beispielsweise sein, dass Sie in Ihrer morgendlichen Meditation um eine intuitive Botschaft bitten, jedoch keine Antwort erhalten. Auf dem Heimweg nach der Arbeit verspüren Sie plötzlich den Impuls, in einen Buchladen zu gehen. Dort fühlen Sie sich magisch von einem bestimmten Büchertisch angezogen. Sie nehmen eines der Bücher, schlagen wahllos eine Seite auf und lesen einen Abschnitt. Plötzlich wird Ihnen klar, dass das, was Sie da lesen, genau die Information ist, die Ihnen momentan in Ihrem Leben weiterhilft. Tatsächlich ist es die Antwort auf die Frage, die Sie am Morgen gestellt haben. (Allerdings vergessen wir in solchen Situationen oft, dass wir zuvor um genau diese Information gebeten hatten.)

Hier ein weiteres Beispiel für dieses Phänomen: Sie verspüren plötzlich den Drang, eine alten Freund anzurufen, von dem Sie schon länger nichts gehört haben. Während des Gesprächs sagt Ihr Freund etwas, das Ihnen einen wichtigen Denkanstoß gibt und Sie bei der Lösung anstehender Probleme ein Stück weiterbringt. Da wird Ihnen klar, dass Sie soeben aus dem Mund Ihres Freundes die benötigte intuitive Führung erhielten.

Natürlich hat es bei diesen Beispielen den Anschein, als käme die Weisheit von außen zu Ihnen. Aber woher stammte der Impuls, in jene Buchhandlung zu gehen und ausgerechnet ein ganz bestimmtes Buch aufzuschlagen? Was veranlasste Sie, gerade diesen Freund anzurufen? In beiden Fällen sind Sie einem inneren Antrieb gefolgt. Die Intuition ist stets bestrebt, uns in die richtige Richtung zu führen, und sie nutzt jeden verfügbaren Weg, um uns zu helfen.

Der Umgang mit speziellen Problemen

Wenn Sie eine Zeit lang mit dieser Meditation gearbeitet haben, und es Ihnen dennoch nicht gelingt, eine bessere Verbindung zu Ihrer Intuition aufzubauen, können Ihnen folgende zusätzliche Vorschläge weiterhelfen.

Vielleicht bemühen Sie sich zu sehr, etwas zu *erzwingen*, statt einfach *zuzulassen*, dass die Dinge sich harmonisch entfalten. Nehmen Sie die ganze Sache nicht zu ernst und wichtig! Entspannen Sie sich und lassen Sie los. Versuchen Sie nicht, irgendwelche spektakulären Resultate herbeizumeditieren. Lauschen Sie einfach ein wenig aufmerksamer als sonst auf Ihre innere Wahrheit.

Versteifen Sie sich nicht darauf, unbedingt sofort eine Antwort erhalten zu müssen. Das Leben ist ein sich ständig weiterentwickelnder Prozess und vielleicht ist der Moment für eine Entscheidung und eine klare Kursbestimmung einfach noch nicht gekommen. Vielleicht sind die Dinge noch »im Fluss«. Unsere innere Führung gibt uns selten Langzeitinformationen. Meistens versorgt sie uns nur mit dem Wissen, das wir gerade im Moment benötigen. Manchmal sagt die innere Führung vielleicht: »Warte noch ein wenig, unternimm noch nichts, gestehe dir diese Phase der Unentschlossenheit zu.« Wenn die Zeit reif ist für eine klare intuitive Antwort, dann wird diese Antwort auch kommen.

Wenn Sie sich längere Zeit ernsthaft blockiert fühlen, ist vermutlich etwas emotionale Heilungsarbeit notwendig. Wenn wir unsere Emotionen unterdrücken oder festhalten, kann es schwierig oder sogar unmöglich sein, in Kontakt mit unserer Intuition zu treten. Wenn Sie glauben, dass dies bei Ihnen der Fall ist, sollten Sie sich einen guten Therapeuten oder eine Selbsthilfegruppe suchen, damit Sie lernen, Ihre Gefühle zuzulassen und auf heilsame Weise zum Ausdruck zu bringen. Wenn Sie ein Stück emotionale Heilungsarbeit geleistet haben, wird sich der Kontakt zu Ihrer Intuition dadurch ganz automatisch verbessern. (Weitere Informationen hierzu finden Sie in Kapitel 9.)

Häufiges Befragen der Intuition

Üben Sie sich immer wieder darin, sich zu entspannen, den Blick nach innen zu richten, um eine intuitive Botschaft zu bitten und darauf zu achten, welche Antwort sofort oder später kommt. Mit der Zeit wird es Ihnen immer leichter fallen, diese Praxis in Ihren Alltag zu integrieren.

Im Verlauf eines arbeitsreichen Tages finden Sie vielleicht nicht die Zeit, sich in Ruhe hinzusetzen und in tiefe Meditation zu versenken. Sie können aber lernen, immer wieder während des Tages Ihre Intuition zu befragen.

Dazu müssen Sie es sich angewöhnen, im Alltag häufig kurz innezuhalten und bewusst darauf zu achten, was gerade in Ihnen vorgeht.

Hier ist eine schnelle, einfache Übung, die Ihnen hilft, selbst inmitten intensiver äußerer Aktivitäten Verbindung mit Ihrer Intuition aufzunehmen. Sie können diese Übung an Ihrem Schreibtisch anwenden oder im parkenden Auto vor oder nach einer Fahrt.

Eine ausgezeichnete Möglichkeit, sich einen Moment Ruhe und Abgeschiedenheit zu verschaffen, ist es auch, diese Übung auf einer Toilette zu machen. Noch besser ist es natürlich, für ein paar Minuten einen Spaziergang an der frischen Luft zu machen oder sich im Freien hinzusetzen. Warten Sie aber nicht unnötig, wenn sich dafür nur schwer Gelegenheit finden lässt. Üben Sie einfach, wann immer und wo immer Sie können.

MEDITATION

Schneller Intuitionscheck

Schließen Sie die Augen und atmen Sie tief ein. Atmen Sie langsam aus. Was beschäftigt Sie gerade? Worüber haben Sie gerade nachgedacht? Achten Sie darauf, wie Ihr Körper sich in diesem Moment anfühlt. Welche Emotionen spüren Sie? Haben Sie das Gefühl, mehr oder weniger »im Fluss« zu sein, Ihrer Energie zu folgen oder fühlen Sie sich gestresst, konfliktbeladen, nicht auf der Höhe?

Atmen Sie erneut tief ein, atmen Sie langsam aus und lassen Sie Ihre Aufmerksamkeit zu einem Ort tief in Ihrem Inneren wandern. Gibt es dort etwas, auf das Sie achten sollten, wenn Sie besser in Kontakt mit Ihrer inneren Weisheit kommen möchten? Spüren Sie eine intuitive Empfindung oder Mitteilung? Auch wenn Sie keine besondere Information erhalten, sollten Sie sich einen Moment Ruhe gönnen, ehe Sie sich wieder Ihrem Alltag zuwenden.

Es spielt keine große Rolle, ob Sie starke intuitive Eindrücke empfangen, wenn Sie diese Übung praktizieren. Allein die Tatsache, dass Sie sich einen Moment Zeit nehmen, ganz bei sich zu sein, wirkt sehr heilsam und wird Ihnen helfen, stärker in der Gegenwart zu leben. Je präsenter wir in der Gegenwart leben und je mehr wir bei uns selbst sind sind, desto wahrscheinlicher ist es, dass wir unsere intuitiven Gefühle wahrnehmen und ihnen folgen, und desto effektiver wird unser Handeln sein.

Damit Sie diese Übung möglichst oft praktizieren, können Sie zu Hause und am Arbeitsplatz gut sichtbar kleine Erinnerungshilfen anbringen. Diese Botschaften an Sie selbst können aus ein, zwei schlichten Zeilen bestehen, es können aber auch Gedichte oder Bilder sein oder Objekte, die für Sie die Verbundenheit mit der Intuition symbolisieren. Diese Erinnerungshilfen sollten Sie öfter auswechseln oder anders platzieren, damit sie frisch und neu bleiben und Ihre Augen sich nicht so sehr an sie gewöhnen, dass sie Ihnen gar nicht mehr auffallen.

Denken Sie daran, dass unsere intuitive Weisheit uns jederzeit zugänglich ist. Wenn wir diesen Zugang manchmal nicht finden, so liegt das daran, dass wir zu sehr in unsere äußeren Aktivitäten, unsere Gedanken oder Gefühle verstrickt sind. Das ist andererseits aber auch nicht weiter schlimm; es gehört zu den Zyklen dazu, die wir durchlaufen.

Wenn Sie diese Übung oder andere vergleichbare oft anwenden, wird sich allmählich eine feste Beziehung zu Ihrem intuitiven Selbst aufbauen und es wird häufiger und klarer zu Ihnen durchdringen.

Wenn wir es uns zur festen Gewohnheit machen würden, die Botschaften unserer Intuition wenigstens so oft »abzuhören« wie unseren Anrufbeantworter, wären wir ohne Zweifel großartig in Form!

Anwendung des Intuitionschecks

Sie können den Intuitionscheck in vielen Situationen anwenden. Hier folgt ein Beispiel:

Vor einigen Tagen hatte eine meiner Klientinnen auf der Fahrt zur Arbeit eine Reifenpanne. Ihr erster Impuls bestand darin, ihren Mann anzurufen, damit dieser ihr zu Hilfe eilte. Doch dann sagte ihr eine innere Stimme: »Warte einen Moment, Hilfe ist ganz in der Nähe.« Sie hörte auf dieses Gefühl, hielt inne und beobachtete ihre Umgebung. Augenblicke später näherte sich ein junges Paar, das ihr Hilfe anbot. Nach nur zwanzig Minuten konnte sie ihre Fahrt fortsetzen.

Wenn wir es uns zur Gewohnheit machen, innezuhalten und unsere innere Führung zu befragen, verhilft uns das dazu, immer wieder im Tagesverlauf Antworten auf unsere Fragen zu erhalten.

Der Intuition gemäß handeln

Bislang war in erster Linie davon die Rede, wie wir möglichst oft im Alltag Verbindung mit unserer Intuition aufnehmen können. Auf unsere Intuition zu hören, ihre Botschaften bewusst wahrzunehmen ist jedoch nur die eine Sache. Eine größere Herausforderung stellt es dar, auch konsequent entsprechend dieser Botschaften zu handeln. Da kann sich dann leicht die Frage stellen, ob wir unserem »Bauchgefühl« genügend Vertrauen entgegenbringen, um Taten folgen zu lassen. Vielleicht beschleicht uns die Furcht, dass wir einen schrecklichen Fehler begehen, wenn wir unseren intuitiven Impulsen folgen. Es können sich andere innere Stimmen zu Wort melden oder widerstreitende Gefühle uns zu schaffen machen.

Der Umstand, dass wir in der Regel nur die Informationen erhalten, die wir im gegenwärtigen Augenblick benötigen, kann uns das Vertrauen in unsere Intuition sehr erschweren. Viel einfacher wäre es, wenn ein sehr weiser Mensch zu uns käme und uns ausführlich erklärte, worin unsere Aufgabe besteht, welche Resultate unser Handeln zeitigen wird und welche weiteren Aufgaben künftig auf uns zukommen werden. Oder wenn eine lange Pergamentrolle vom Himmel herabgerollt würde, auf der unser gesamter Lebensplan nebst ausführlichen Handlungsanweisungen genau festgehalten wäre. Jener Teil in uns, der gerne alles unter Kontrolle hat, würde sich dann gewiss sehr viel wohler fühlen. Leider arbeitet die Intuition nur selten auf solche Weise. Zwar kommt es gelegentlich vor, dass wir einen intuitiven Blick in die Zukunft erhaschen oder einen Eindruck unseres größeren Lebenszusammenhanges gewinnen; so etwas tritt vor allem dann auf, wenn wir über längere Zeit sorgfältig an der Verbesserung unseres intuitiven Gespürs gearbeitet haben, und es kann selbstverständlich sehr hilfreich und ermutigend sein.

In den meisten Fällen jedoch funktioniert unser intuitiver Sinn von Augenblick zu Augenblick, sodass wir nur genau den Informationshappen oder den energetischen Impuls erhalten, den wir momentan brauchen, um richtig zu handeln. Wenn wir dieser Energie folgen, werden wir auch beim nächsten anstehenden Schritt wieder einen entsprechenden intuitiven Impuls erhalten. Wenn wir auf diese Weise konsequent unserer inneren Führung folgen, werden wir genau in die für uns jeweils richtige Richtung gelenkt.

Im Rückblick erkennen wir diese Zusammenhänge meistens viel klarer als im Moment des Geschehens, wo wir das Gefühl haben, ins Unbekannte vorzustoßen, ohne genau zu wissen, was wir eigentlich tun und warum. Wir fühlen uns vielleicht unsicher und ein bisschen ängstlich, aber auch erfrischend aufgeregt und sehr lebendig. Es erfordert Mut, sich auf diese Schritte einzulassen, ohne genau zu wissen, wohin sie uns führen werden.

Wenn wir lernen möchten, entsprechend unserer Intuition zu handeln, ist es sehr wichtig, dass wir mit kleinen Schritten beginnen, um allmählich mehr Vertrauen und Urteilskraft aufzubauen. Während Sie sich noch im Anfängerstadium befinden, sollten Sie nach Möglichkeit keine größeren Lebensentscheidungen treffen! Kündigen Sie nicht plötzlich Ihre Arbeitsstelle, nur weil Sie glauben, Ihre Intuition hätte Ihnen dazu geraten. Diese Botschaft könnte auch von einem anderen Ihrer Persönlichkeitsanteile stammen. Wenn Sie gerade erst lernen, Ihrer Intuition zu folgen, sollten Sie einschneidendere Entscheidungen für eine Weile aufschieben, bis Sie über mehr Erfahrung verfügen. Sollte eine unvermeidliche Entscheidung anstehen, wägen Sie das Für und Wider sorgfältig ab, wobei Sie alle vermeintlichen oder tatsächlichen intuitiven Gefühle ebenso berücksichtigen sollten wie alle anderen relevanten Faktoren.

Üben Sie zunächst mit kleineren Dingen, die sich ohnehin im Nachhinein oft als wichtiger und bedeutsamer entpuppen, als es uns zunächst scheinen mag. Wenn Sie im Alltag mit einer einfachen Wahl oder Entscheidung konfrontiert sind, etwa, was Sie anziehen, welche Fahrtroute Sie wählen, wo Sie zu Mittag essen, ob Sie einen bestimmten Freund anrufen sollen oder nicht oder welchen Film Sie sich anschauen, halten Sie für einen Augenblick inne und wenden Sie sich nach innen. Statt Ihre Entscheidung auf der Basis logischer Überlegungen zu treffen – das tun, was Sie für »richtig« halten oder von dem Sie glauben, dass andere es von Ihnen erwarten –, versuchen Sie, sich nach Ihrem intuitiven Gefühl zu richten. Gewöhnen Sie es sich an, Ihre Intuition zu befragen und auf sich selbst zu vertrauen.

Achten Sie außerdem darauf, wie es sich *anfühlt*, wenn Sie Ihrer Intuition erfolgreich gefolgt sind und die Dinge sich gut entwickeln. Damit schaffen Sie sich einen inneren Referenzpunkt, der es Ihnen erleichtert, sich immer öfter in Ihren intuitiven Kanal »einzuklinken«. Schon bald werden Sie bestens damit vertraut sein, wie echte intuitive Botschaften sich anfühlen.

Wenn Sie einen klaren intuitiven Impuls erhalten, etwas Bestimmtes zu tun oder einen bestimmten Weg einzuschlagen, und dieser Impuls sich relativ einfach und risikolos in die Tat umsetzen lässt, wagen Sie einen Versuch. Tun Sie es mit Abenteuergeist und dem Ziel, Ihre intuitiven Fähigkeiten weiterzuentwickeln.

Wenn Sie zum Beispiel von einem Vortrag erfahren zu einem Thema, von dem Sie keine Ahnung haben, für das Sie aber ein gewisses kribbelndes Interesse verspüren, gehen Sie probeweise hin. Es ist gut möglich, dass der Vortrag sich als für Ihr Leben bedeutsam erweist. Oder Referent und Thema entpuppen sich zwar als schrecklich langweilig, dafür treffen Sie dort aber einen alten Freund und freuen sich sehr über das Wiedersehen. Oder auf dem Weg zu dem Vortrag kommen Sie an einem wunderschönen Garten vorbei, was Sie dazu inspiriert, selbst einen Garten anzulegen. Wenn Sie Ihrer Intuition folgen, wissen Sie nie mit Sicherheit, auf welche Weise es sich für Sie auszahlen wird; oft ziehen Sie auf ganz andere Weise Gewinn daraus, als Sie ursprünglich erwartet haben.

Ebenso gut ist es in dem oben geschilderten Fall möglich, dass Sie an der Erfahrung überhaupt nichts von Wert entdecken und sich fragen, warum Sie überhaupt den Impuls hatten, dorthin zu gehen. Wenn wir lernen möchten, unserer Intuition gemäß zu handeln, ist es sehr wichtig, dass wir auf das Feedback achten. Wenn wir echten intuitiven Botschaften folgen, neigen die Dinge dazu, sich leicht und harmonisch zusammenzufügen. Überall scheinen sich für uns Türen zu öffnen. Zwar trifft das nicht in jedem Fall zu (darauf werde ich später noch ausführlicher eingehen), doch oft ist es so.

Wenn Sie glauben, Ihrer Intuition zu folgen, und die Dinge entwickeln sich trotzdem nicht gut, oder Sie haben nicht den Eindruck, dass Ihnen dies zu Erfahrungen von Wert verhilft, kann das mehrere Gründe haben. Vielleicht missverstehen Sie Ihre innere Führung, interpretieren Sie falsch. Vielleicht folgen Sie einem anderen Gefühl oder einer anderen Stimme, bei der es sich nicht wirklich um Ihre Intuition handelt. Oder Sie folgen Ihrer Intuition zwar sehr gut, aber der sich dadurch entfaltende Prozess ist weit komplexer, als Sie vermuteten, und Ihnen ist der Wert der sich einstellenden Erfahrungen noch nicht klar, da Sie nicht überschauen, wo das Ganze letztlich hinführt.

Vor vielen Jahren verliebte ich mich in die Hawaiiinsel Kauai. Ich mietete dort für einen Sommer ein großes Haus, um einen Workshop zu veranstalten, und dann beschloss ich, auf der Insel ein Haus zu kaufen, damit ich einen Teil des Jahres dort leben und Retreats anbieten konnte. Schon bald fand ich ein geeignet erscheinendes Anwesen. Das Haus war architektonisch teilweise etwas seltsam gestaltet, aber ich sagte mir, dass es für meine Zwecke okay sei. Es stand schon eine ganze Weile zum Kauf und ich hatte ein gutes Angebot gemacht. Daher war ich zuversichtlich, dass der Handel glatt über die Bühne gehen würde. Ich begann bereits, das Haus als mein Eigentum zu betrachten, und war darüber sehr aufgeregt und glücklich.

Ein paar Tage später erfuhr ich, dass jemand ein Barzahlungsangebot gemacht und mir das Haus vor der Nase weggeschnappt hatte. Ich war tief geschockt. »Mein« Haus war von jemand anderem gekauft worden! Ich hatte das Gefühl, von meiner Intuition irregeleitet worden zu sein.

Bald darauf stellte sich heraus, dass das Haus, das ich für meinen Workshop gemietet hatte, ebenfalls verkauft werden sollte, auch wenn es noch nicht offiziell angeboten wurde, und zwar zu einem sehr fairen Preis. Ein befreundeter Makler zeigte mir, wie es sich mit geringem Aufwand für meine Zwecke umgestalten ließ. Dabei wurde mir klar, dass die architektonischen Eigenheiten des ersten Hauses ein weit größeres Problem dargestellt hätten, als mir damals bewusst gewesen war. In meinem Drang, es zu kaufen, hatte ich meine intuitiven Vorbehalte einfach ignoriert. So bewahrte mich die »große Katastrophe« des nicht zustande gekommenen Kaufs letztlich vor einem schweren Fehler, und meine Intuition wies mir den Weg zu einem Haus, das wirklich meinen Bedürfnissen entsprach. Ich kaufte es und für viele Jahre lebte ich dort sehr glücklich.

In den folgenden Kapiteln werden wir erörtern, wie Sie Ihre Fähigkeit, intuitive Impulse zu erkennen, zu deuten und ihnen gemäß zu handeln, entwickeln und fein abstimmen können. Nehmen Sie unterdessen die ganze Sache nicht zu ernst. Entspannen Sie sich und üben Sie auf spielerische, vergnügliche Weise!

 ÜBUNG

Innere Klarheit schaffen

Die meisten von uns haben Angst davor, dass irgendetwas Schlimmes geschehen könnte, wenn Sie Ihren intuitiven Regungen folgen. Nehmen Sie Ihr Notizbuch oder ein Blatt Papier, und schreiben Sie alle Gründe auf, die Ihnen einfallen, warum Sie Angst davor haben oder zögern, gemäß Ihrer intuitiven Gefühle zu handeln. Jedes Mal, wenn Ihnen ein neuer Grund einfällt, fügen Sie ihn dieser Liste hinzu.

Wenn wir unsere Ängste aufschreiben, schafft das innere Klarheit und hilft uns, den Weg freizuräumen, sodass wir uns weiterentwickeln können.

ÜBUNG

Selbstvertrauen stärken

Hier ist eine spielerische Übung, die viel Spaß machen kann:

Beschließen Sie, für einen festgelegten Zeitraum – das kann ein Tag sein oder eine Woche – so zu tun, als ob alle Ihre intuitiven Gefühle hundertprozentig richtig wären. Und handeln Sie während dieses Zeitraums entsprechend.

Das habe ich selbst ausprobiert und es war wundervoll. Für eine gewisse Zeit gab ich alle Zweifel auf und setzte einfach voraus, dass jede Botschaft meiner Intuition oder alles, was ich für eine Botschaft meiner Intuition hielt, hundertprozentig zutraf, und handelte danach. Als ich das einmal ausprobiert hatte, wollte ich nie wieder zu meiner vorherigen Lebensweise zurückkehren.

Intuitive Botschaften richtig interpretieren

Es ist nicht immer leicht, die Botschaften der Intuition richtig zu deuten. Die Intuition irrt niemals, aber es ist durchaus möglich, dass Sie ihre Botschaften fehlinterpretieren. Ihre Fähigkeit zum korrekten Deuten intuitiver Botschaften können Sie nur durch Übung entwickeln, indem Sie bereit sind, aus allem, was geschieht, zu lernen. Sie müssen bereit sein, auch einmal »Fehler« zu machen, etwas auszuprobieren, das schief geht, sodass Sie sich vorübergehend vielleicht ziemlich dumm vorkommen.

Bedenken Sie, dass die Intuition sich uns nicht notwendigerweise durch Worte mitteilt, auch wenn sie oft als »innere Stimme« bezeichnet wird. Wahrscheinlicher ist, dass wir gefühlsmäßige Eindrücke empfangen – ein »Bauchgefühl« oder die Empfindung, dass etwas, worüber wir nachdenken, sich gut oder schlecht anfühlt. Manchmal können wir auch ein inneres Wissen, eine Gewissheit spüren bezüglich einer Frage oder eines Vorhabens. Oder wir empfinden die Intuition als innere Energie, spüren, dass unsere Lebensenergie uns in eine bestimmte Richtung treibt oder uns von etwas fortdrängt.

Die Intuition macht sich nur selten auf dramatische, grandiose oder mystische Weise bemerkbar. Sie ist im Allgemeinen ein sehr natürliches und normales Gefühl, eine simple Empfindung wie: »Das möchte ich gerne tun« oder: »Das möchte ich nicht tun.«

Zu den schwierigsten Aspekten bei der Entwicklung Ihrer intuitiven Führung gehört es, dass Sie lernen, Ihre Intuition von den anderen inneren Stimmen und Energien zu unterscheiden. Damit werden wir uns im nächsten Kapitel näher befassen.

Auch wenn Sie sich schon sehr lange darin üben, Ihrer Intuition zu folgen, wird doch fast immer ein Gefühl der Unsicherheit und des Risikos bleiben. Wirklich sicher werden Sie Ihrer Sache nur selten sein. Aus diesem Grund rate ich dazu, mit kleinen Schritten zu beginnen, bis Sie genug Vertrauen aufgebaut haben, um die Intuition auch bei wichtigeren Lebensentscheidungen einzusetzen. In jedem Fall werden Sie schnell dazulernen, wenn Sie bereit sind, Ihren intuitiven Gefühlen zu folgen, Fehler zu machen und auszuprobieren, was funktioniert und was nicht. Wenn Sie dagegen aus Angst, etwas falsch zu machen, allzu vorsichtig und zögerlich vorgehen, werden Sie vermutlich ein Leben lang oder noch länger brauchen, um zu lernen, auf Ihre Intuition zu vertrauen!

Wenn Sie lernen möchten, Ihrer Intuition exakt zu folgen, müssen Sie versuchen, dem gemäß zu handeln, was Sie für Ihre Intuition halten, und dann sehen, welche Resultate sich einstellen. Achten Sie auf des Feedback, das das Leben Ihnen gibt, und lernen Sie daraus.

Wenn Sie Ihrer intuitiven Energie folgen, werden Sie meistens den Eindruck haben, harmonisch mit dem Leben zu »fließen«. Die Dinge fügen sich auf angenehme Weise, Gelegenheiten tun sich auf, und Sie haben das Gefühl, am rechten Ort zur rechten Zeit das Richtige zu tun. Synchronizitäten treten vermehrt auf. Ziemlich oft ereignen sich geradezu wunderbare Zufälle. Das kann so weit gehen, dass Sie den Eindruck haben, eine höhere Macht sei in Ihrem Leben am Werk, da kein Mensch in der Lage wäre, die Ereignisse so perfekt zu orchestrieren.

Vor einigen Jahren suchte ich eine Mitarbeiterin für mein Büro. Eines Abends leitete ich in der Nähe meines Wohnortes ein Seminar und hatte das intuitive Gefühl, dass unter den Teilnehmern jemand sein könnte, der sich für diese Tätigkeit eignete. Dann vergaß ich jedoch, im Seminar danach zu fragen. Es fiel mir erst wieder ein, als ich bereits aus dem Seminarhaus ging, und ich ärgerte mich über meine Vergesslichkeit, zumal ich ein so starkes Gefühl gehabt hatte, an diesem Abend die geeignete Mitarbeiterin zu finden.

Als ich draußen auf der Straße stand, sprach mich plötzlich eine der Seminarteilnehmerinnen an und fragte, ob ich vielleicht eine Kraft für mein Büro suchte! Sie hatte intuitiv gespürt, dass dies die richtige Aufgabe für sie war. Wie sich herausstellte, brachte sie genau die gewünschte Qualifikation mit. Später wurde sie meine Geschäftsführerin und wir arbeiten heute noch zusammen!

Wenn die Dinge sich auf so harmonische Weise fügen und entfalten, ist das ein deutliches Zeichen dafür, dass wir unsere Intuition zutreffend interpretieren und ihren Botschaften auf richtige Weise folgen.

Natürlich ist das nicht immer so einfach und offensichtlich. Manchmal kann unser Weg ziemlich steinig werden, und wir wissen nicht mit Sicherheit, ob wir wirklich unserer Intuition folgen.

Zum einen führt die Intuition uns oft ganz und gar nicht in die von uns erwartete Richtung. Dann scheint es so, als hätten wir etwas falsch gemacht, weil die Dinge sich nicht so entwickeln, wie wir es geplant hatten oder wie sie es unserer Meinung nach tun sollten.

Unser Verstand sagt uns vielleicht, dass wir auf eine ganz bestimmte logische Weise von Punkt A zu Punkt B zu Punkt C gelangen sollten, während unsere Intuition uns unter Umgehung von Punkt B gleich zu Punkt C führt, wo wir dann durch die Hintertür eintreffen! Oder, was noch beunruhigender sein kann, wir gelangen, wenn wir auf unsere Intuition hören, vielleicht niemals zu Punkt C, sondern stattdessen zu Punkt Z, von dem wir gar nicht wussten, dass er uns als Option ebenfalls offen steht. Denken Sie daran, dass unsere Intuition zu weitaus mehr Informationen Zugang hat als unser Verstand.

Zudem wünschen sich die meisten von uns einen angenehm einfachen Lebensweg. Daher versuchen wir, uns vor Schwierigkeiten und Herausforderungen möglichst zu drücken. Da unsere innere Führung aber immer bestrebt ist, uns den Weg zu unserem höchsten Potenzial zu weisen, wird sie uns oft geradewegs zu jener Herausforderung leiten, die wir eigentlich zu vermeiden hofften!

Angenommen, Sie sind unzufrieden mit Ihrem Job. Sie bitten Ihre Intuition, Ihnen Wege zur Verbesserung Ihrer beruflichen Situation aufzuzeigen, worauf Sie den Impuls spüren, einige Veränderungen in den Arbeitsabläufen vorzuschlagen. Nun scheint die Lage sich tatsächlich zu bessern. Plötzlich teilt der Chef Ihnen mit, dass Ihre Abteilung verkleinert wird und er Ihnen deshalb kündigen muss! Nun wissen Sie nicht, wo Sie neue Arbeit finden und wovon Sie in der Zwischenzeit leben sollen. Sie sind geschockt und frustriert und fragen sich, ob nicht in Wahrheit die von Ihnen gemachten Verbesserungsvorschläge der Grund für die Kündigung waren. Vielleicht war es ein schrecklicher Fehler, dass Sie es überhaupt riskiert haben, den Mund aufzumachen!

Nach ein paar Wochen deprimierten Herumsitzens reißen Sie sich zusammen und begeben sich auf Jobsuche. Doch Sie finden keine Stellenangebote, die Sie wirklich inspirieren. Eines Tages ruft Ihr Cousin an. Er teilt Ihnen mit, er sei mit einem Freund in der Stadt, und lädt Sie zu einem gemeinsamen Mittagessen ein. Sein Freund eröffnet gerade in Ihrer Stadt einen Zweig seines Unternehmens. Sie erkennen die Chance, die sich Ihnen da bietet, und bald darauf haben Sie endlich einen Job, der Ihnen Freude macht.

In den vielen Jahren, die ich nun schon Menschen in der praktischen Arbeit mit der Intuition unterrichte, habe ich unzählige Geschichten wie diese gehört: Zunächst passiert eine vermeintliche Katastrophe, die dann aber letztlich auf unvorhergesehene Weise zu wunderbaren Resultaten führt.

Unsere Intuition ist immer bestrebt, uns auf bestmögliche Weise in die Richtung zu führen, die uns bestimmt ist. Manchmal ist es dazu erforderlich, dass wir Dinge loslassen, an die wir uns bislang festgeklammert haben. Dann kann es den Anschein haben, als würde unser Leben in tausend Stücke zerbrechen. Wenn wir gezwungen werden, uns von etwas zu trennen, dann weil wir es nicht länger brauchen oder weil es an der Zeit ist, zu neuen Ufern aufzubrechen.

Im Rückblick erkennen wir oft, warum es notwendig war, bestimmte Schwierigkeiten zu durchleben und wie diese Erfahrungen letztlich zu unserem Besten waren. Mitten in einem traumatischen Erlebnis sind wir jedoch meist nicht in der Lage, dies zu erkennen. Dann kann uns nur Vertrauen weiterhelfen. Je mehr Übung wir darin entwickeln, unserer Intuition zu folgen und die Dinge aus einer größeren Perspektive zu sehen, desto mehr wird unser Vertrauen gestärkt.

Wenn Sie unsicher sind, ob Ihre Intuition Ihnen zu einer bestimmten Entscheidung rät oder nicht, können Sie um größere Klarheit bitten. Sie können zu Ihrer inneren Führung sagen: »Gut, ich glaube, du möchtest, dass ich mich so entscheide. Also werde ich diese Entscheidung nun in die Tat umsetzen. Wenn das falsch ist, dann blockiere diesen Weg irgendwie. Gib mir ein klares Signal, dass ich diesen Weg nicht einschlagen soll.«

Oder Sie können auch umgekehrt fragen: »Ich glaube, du willst nicht, dass ich diesen Weg einschlage. Wenn du es doch willst, dann gib mir einen Schubs. Gib mir ein klares Zeichen, dass ich mich doch für diesen Weg entscheiden soll.« Wenn Sie auf diese Weise um Klarheit bitten, werden Sie fast immer einen deutlichen inneren oder äußeren Hinweis erhalten oder Sie werden spüren, in welche Richtung Ihre Energie Sie drängt.

Lassen Sie Ihre Lebensenergie fließen

Das verlässlichste Anzeichen dafür, dass Sie Ihrer Intuition folgen, ist das Gefühl erhöhter Lebendigkeit, das sich daraufhin einstellt! Wenn Sie auf Ihre intuitiven Gefühle achten und ihnen gemäß handeln, öffnen Sie damit Ihren Kanal für die Lebenskraft, sodass sie Sie ungehindert durchströmen kann. Sie verfügen dann ganz einfach über mehr Power und Energie!

Wenn Sie nicht auf Ihre Intuition achten oder ihr zuwiderhandeln, werden Sie eine gewisse innere Schwere spüren, einen Energiemangel, eine Art Abgestumpftheit, weil die Lebensenergie blockiert wird.

Wenn wir nicht dem natürlichen Fluss unserer Energie folgen, wird das Leben zum mühsamen Kampf. Es ist, als versuchten wir dauernd flussaufwärts zu schwimmen. Das ist ziemlich anstrengend und zehrt geistig, emotional und körperlich an uns. Auch wird der Kontakt zu unserer spirituellen Quelle dadurch blockiert.

Fließen wir dagegen, indem wir unserer inneren Führung folgen, im Einklang mit der Lebenskraft, wird unser Körper dadurch zusehends gesünder und vitaler, wir gelangen zu geistiger Klarheit und Ruhe und finden emotionale und spirituelle Erfüllung.

Sehr gut lässt sich die Intuition entwickeln, indem Sie darauf achten, ob Sie sich lebendiger fühlen, wenn Sie einem inneren Impuls nachgehen. Beobachten Sie auch, ob Sie sich deprimiert, betäubt, energetisch geschwächt fühlen, wenn Sie nicht Ihrem intuitiven Gefühl entsprechend handeln.

Angenommen, Sie sind jemand, dem es schwer fällt, seine Gefühle zu zeigen oder eine eigene Meinung zu vertreten. Bei einem Gespräch kommt Ihnen etwas in den Sinn, das Sie gerne sagen würden, Sie verkneifen es sich aber aus Angst und Unsicherheit. Hinterher merken Sie, dass Sie sich deprimiert fühlen. Versuchen Sie, sich dann nicht selbst niederzumachen, weil Sie nicht den Mut hatten, zu Ihrer Wahrheit zu stehen. Spüren Sie einfach dem Gefühl geschwächter Lebensenergie nach. Dann werden Sie irgendwann ganz von selbst an den Punkt kommen, wo Sie diesen Preis nicht länger bezahlen wollen, und es endlich wagen, offen zu Ihrer Meinung zu stehen. Gleichgültig, wie Ihr Gegenüber reagiert und welche Emotionen Sie dabei spüren, in jedem Fall wird dieses Erlebnis Sie mit neuer Lebendigkeit und Kraft erfüllen.

Wenn Sie dagegen ein Mensch sind, der immer und überall sehr deutlich seine Meinung sagt, seine Gedanken und Gefühle klar zum Ausdruck bringt, könnten Sie sich plötzlich in einer Situation wiederfinden, in der Ihre Intuition Ihnen rät, zu schweigen. Wenn Sie dann einfach weiterreden und Ihrem gewohnten Kommunikationsmuster folgen, spüren Sie einen Energieverlust. Wenn Sie auf Ihre Intuition hören und schweigen, gibt Ihnen das die Chance, eine neue friedvolle, jedoch zugleich belebende Form der Selbstbeherrschung zu entdecken.

Unsere innere Führung möchte uns stets zu größerer Selbstentwicklung hinführen, weswegen sie uns manchmal dazu drängt, das genaue Gegenteil des Gewohnten zu tun. Oft stellen wir fest, dass es uns erfrischt und lebendiger werden lässt, wenn wir andere, ungewohnte Aspekte unseres Selbst zum Vorschein kommen lassen.

Einer meiner Schüler fürchtete sich beispielsweise schrecklich davor, öffentlich zu sprechen. Seine Intuition drängte ihn, Mitglied bei Toastmasters zu werden (*Anm. d. Übers.:* eine Organisation, die Menschen hilft, ihre Hemmungen zu überwinden und gute Redner zu werden). Als er seine Angst einmal besiegt hatte, entdeckte er, wie viel Spaß ihm das öffentliche Reden machte!

Je mehr Sie sich darin üben, Ihrer Intuition zu folgen, desto besser scheint sie zu funktionieren. Wenn Sie ihr dauerhaft mehr Aufmerksamkeit widmen, dringen die intuitiven Botschaften immer klarer und deutlicher in Ihr Bewusstsein durch.

Tun und Sein

Vor besondere Schwierigkeiten stellt es die meisten von uns, wenn unsere Intuition uns rät, etwas *nicht* zu tun. Vielleicht hegen wir die Vorstellung, etwas unbedingt tun zu müssen, stellen aber fest, dass uns irgendwie die nötige Energie fehlt. Wir treiben uns dazu an, es trotzdem zu versuchen, aber es will einfach nicht funktionieren. In einer solchen Situation denken wir oft, dass etwas mit uns nicht stimmt. Es kann eine Weile dauern, bis wir die Botschaft des Lebens verstehen, dass dieser Weg momentan nicht der richtige ist.

Noch beunruhigender kann es sich anfühlen, wenn unsere Energie gegenwärtig in gar keine brauchbare Richtung zu fließen scheint. Nichts, was wir anpacken, scheint zu funktionieren, oder alles kostet uns enorme Mühe.

In unserer Kultur werden wir darauf konditioniert, ständig etwas äußerlich Produktives *tun* zu müssen. Viele von uns spüren den Drang zu zwanghafter Aktivität. Der Sinn für den Wert des Seins im Gegensatz zum Tun ist uns abhanden gekommen – Sein, das bedeutet: Ruhe, Entspannung, Nachdenken, Erkunden unseres Innenlebens und Energie tanken. In dieser Hinsicht herrscht in unserer Kultur ein starkes Ungleichgewicht. Das ist meines Erachtens einer der Gründe dafür, dass heute so viele Menschen unter dem chronischen Müdigkeitssyndrom und ähnlichen Erkrankungen leiden. Manchmal muss unser Körper uns dazu zwingen, mit der ständigen Hetzjagd aufzuhören und einen Gang zurückzuschalten.

Unsere Intuition kann uns zeigen, wie wir uns besser entspannen und in der Gegenwart leben können. Wenn Menschen damit beginnen, auf ihre innere Stimme zu achten, führt sie das häufig in eine eher passive Phase, während der sie das Bedürfnis verspüren, weniger zu tun als zuvor. Wenn sie diese inneren Veränderungen nicht verstehen, kann das Angst auslösen. Viele meiner Schüler und Klienten haben sich während einer solchen Phase dazu entschieden, sich einen Monat, mehrere Monate oder sogar ein ganzes Jahr freizunehmen, um sich einmal wirklich zu erholen und neue Möglichkeiten zu erkunden. Eine so lange Auszeit können sich die meisten Menschen natürlich kaum leisten, doch wenn dieser Weg für jemanden wirklich notwendig war, habe ich immer wieder beobachten können, dass auf oft sehr erstaunliche Weise die dafür erforderlichen Geldmittel zusammenkamen. Wenn wir uns eine Zeit des reinen Seins gönnen – und wenn es nur ein paar Stunden sind –, schöpfen wir Energie und dann entwickeln wir neue Tatkraft, die uns in ganz neue kreative Richtungen führen kann.

Wenn wir lernen, auf unsere Intuition zu hören, lernen wir letztlich, unserer Energie zu folgen, in einem angemessenen, harmonischen Wechsel von Aktivität und Ruhe. Wenn wir ein Gespür für diesen Fluss der Lebensenergie entwickeln und uns ihm anvertrauen, wird unser Dasein immer mehr zu einem pulsierenden, bezaubernden Tanz.

ÜBUNG

Energiebewusstsein

Machen Sie es sich zur festen Gewohnheit, in sich hineinzuhorchen, wie Sie sich energetisch fühlen, wenn Sie Ihrer intuitiven Führung folgen und wenn Sie das nicht tun. Viele Menschen bemerken, dass ihre Energie sich blockiert oder dumpf anfühlt, wenn sie ihre Intuition missachten, und dass die Energie lebendiger und kraftvoller fließt, wenn sie ihrer Intuition folgen. Trifft das auch auf Sie zu?

Die Intuition von anderen inneren Stimmen unterscheiden

Jedes Mal, wenn ich ein Seminar zur Entwicklung der Intuition durchführe, fragen mich die Teilnehmer: »Wie kann ich meine Intuition von all meinen anderen Gedanken und Gefühlen unterscheiden?« Das ist eine sehr wichtige Frage.

Vor vielen Jahren pflegte ich unsere Intuition als »innere Stimme« zu bezeichnen, bis mir klar wurde, dass wir in Wahrheit *viele* Stimmen in uns tragen. Diese Stimmen stehen häufig miteinander in Konflikt, und manchmal kann es ziemlich verwirrend sein, auszusortieren, was davon unsere Intuition ist und was nicht. Mit etwas Übung lernt man aber, das Gefühl oder die Energie unserer intuitiven inneren Führung von den anderen Teilen unseres Selbst zu unterscheiden.

Als ich mich seinerzeit bemühte, mir über all diese Dinge klar zu werden, wurde ich auf die Arbeit von Hal und Sidra Stone aufmerksam, den Schöpfern der Psychologie der Selbste und des Stimmendialogs (Voice-Dialogue-Methode). Ich fand ihre Methode äußerst hilfreich und habe sie in meine eigene Arbeit integriert. Die Stones wurden für mich zu wichtigen Lehrern und Mentoren.

Von Hal und Sidra habe ich gelernt, dass wir viele verschiedene Unterpersönlichkeiten oder »Selbste« in uns tragen und dass jedes dieser Selbste seine eigene Energie und Stimme besitzt.

Durch die Voice-Dialogue-Methode lernen wir, mit diesen inneren Selbsten zu kommunizieren und herauszufinden, warum es sie gibt, wie sie sich fühlen und was sie uns zu geben haben. Dadurch gelangen wir zu größerer Klarheit darüber, was in uns vorgeht, und können ein sehr viel bewussteres Leben führen.

Unsere intuitive Stimme ist eines dieser inneren Selbste, und wir sind dabei zu lernen, wie wir regelmäßig in Kontakt mit ihr treten können. Es ist nicht notwendig, dass wir den Stimmendialog benutzen, um unsere Intuition von den anderen inneren Stimmen unterscheiden zu lernen, aber er kann hilfreich sein, um die verschiedenen Selbste in uns besser zu verstehen.

Das Material, das ich in diesem Kapitel präsentiere, basiert auf der Arbeit der Stones. Ihre außerordentlich empfehlenswerten Bücher und Audiokassetten sind im Anhang aufgeführt.

Wir kommen als Mikrokosmos des Universums auf die Welt, mit einer unendlichen Anzahl von unterschiedlichen archetypischen Qualitäten oder Energien in uns. Zu unseren wichtigsten Aufgaben im Leben gehört es, so viele dieser Energien wie möglich zu entwickeln und zum Ausdruck zu bringen, damit unsere Persönlichkeit möglichst rund wird und wir unser volles Potenzial entfalten und erleben können. In gewisser Weise ist es, als würden viele verschiedene Charaktere in uns leben, von denen jeder seine eigene Aufgabe und Bestimmung hat.

Bei jedem von uns sind manche dieser inneren Selbste besonders gut entwickelt. Das sind die, mit denen wir uns hauptsächlich identifizieren und die wir der Welt präsentieren. Sie werden als unsere *Primär- oder Hauptselbste* bezeichnet. Dann gibt es andere Selbste, die wir zu verbergen und verdrängen suchen, weil sie uns unangenehm sind, weil wir uns vor ihnen fürchten oder uns für sie schämen. Sie nennt man »verdrängte Selbste« und sie bilden das, was Carl Jung als unseren »Schatten« bezeichnete.

Wenn Sie sich beispielsweise damit identifizieren, stark, unabhängig und fleißig zu sein, dann gehört zu Ihren Primärselbsten wahrscheinlich die Stimme der Macht, das unabhängige Selbst und der Antreiber (jenes Selbst, das Sie dazu antreibt, Ihre Ziele zu erreichen und erfolgreich zu sein). Bei Ihren verdrängten Selbsten handelt es sich dann vermutlich um die genau entgegengesetzten Energien – das verletzliche Kind zum Beispiel oder den »Strandfaulenzer«, der es genießt, sich zu entspannen und einfach in den Tag hinein zu leben.

Unsere Primärselbste treffen die meisten unserer Entscheidungen und bestimmen über unser Leben. Ihre Aufgabe besteht darin, für unsere Sicherheit zu sorgen und dafür, dass wir von anderen akzeptiert werden und möglichst erfolgreich sind. Sie bemühen sich zumeist nach Kräften, unsere verdrängten Selbste zu verstecken und unter Kontrolle zu halten, da sie fürchten, diese verdrängten Energien könnten uns schaden und unser Leben aus der Bahn werfen. Die meisten von uns sind sich dessen, was da in ihnen vorgeht, kaum bewusst.

In Wahrheit sind alle diese Energien – die primären und die verdrängten – unverzichtbare Teile unserer Gesamtpersönlichkeit. Wir brauchen jede Einzelne von ihnen, um Ganzheit und Erfüllung erfahren zu können.

Wenn Sie sich im Übermaß mit Aktivität und äußerem Erfolg identifizieren, müssen Sie auch die gegensätzlichen Eigenschaften – Entspannung und Spiel – entwickeln, um zu seelischem Gleichgewicht zu gelangen. Wenn Sie ein Mensch sind, der immer nur gibt, müssen Sie auch lernen, etwas von anderen anzunehmen.

Wie können wir uns nun der vielen Selbste in uns bewusst werden und ein harmonisches Gleichgewicht zwischen ihnen erreichen?

Der erste und wichtigste Schritt besteht darin, dass wir uns über unsere Primärselbste klar werden. Mit welchen Eigenschaften und Energien identifizieren Sie sich am stärksten? Gelingt es Ihnen, diejenigen Selbste herauszufinden, die automatisch die meisten Ihrer Entscheidungen treffen und in Ihrem Leben vorherrschen?

Wenn Sie beispielsweise ein Mensch sind, der sehr sensibel auf die Bedürfnisse und Gefühle anderer reagiert und ihnen viel Zuwendung gibt, gehört höchstwahrscheinlich der oder die »Fürsorgliche« zu Ihren Primärselbsten. Ist das der Fall, werden Sie sich häufig ganz automatisch um andere Menschen kümmern, ohne dazu eine bewusste Entscheidung zu treffen. Ihr fürsorgliches Primärselbst tritt einfach in Aktion, ohne dass Sie weiter darüber nachdenken. Wenn Sie sich dieses Musters bewusst werden, eröffnet Ihnen das größere Wahlmöglichkeiten.

Wir sollten unseren Primärselbsten für das, was sie für uns leisten, Anerkennung zollen, uns aber doch ein wenig aus der völligen Identifikation mit ihnen lösen. Wenn wir erkennen, dass sie nicht *wir selbst sind*, sondern nur *Energien in uns*, versetzt uns das in die Lage, ein so genanntes »bewusstes Ich« zu entwickeln. Dieses bewusste Ich besitzt die Fähigkeit, die vielen verschiedenen Selbste in uns zu erkennen und zu beobachten, sodass wir eine bewusste Wahl treffen können, welches dieser Selbste wir jeweils gerade zum Vorschein kommen lassen wollen.

Wenn wir zu einem bewussteren Umgang mit den Primärselbsten gelangt sind, können auch die verdrängten Selbste in uns mehr Spielraum erhalten. Die Primärselbste bleiben auch weiterhin unsere hervorstechenden Qualitäten, doch wir fühlen uns stärker im Gleichgewicht und unser Leben funktioniert besser, da wir nun die Energie zuvor verdrängter Selbste in unser Bewusstsein integrieren. Die Disidentifizierung mit den Primärselbsten, die Entwicklung des bewussten Ichs und das Akzeptieren der verdrängten Selbste ist ein allmählicher Prozess, der das ganze Leben dauern kann. Jeder Schritt, den wir in diese Richtung unternehmen, kann uns in unserer persönlichen Entwicklung aber ein großes Stück nach vorn bringen.

Unsere intuitive Weisheit ist eines unserer inneren Selbste oder Energien. Wenn Sie von Kindheit an ermutigt wurden, Ihrer Intuition zu vertrauen, oder eine intuitive Mutter oder einen intuitiven Vater als Vorbild hatten oder aus irgendeinem Grund ein »rechtshirnig« orientierter Mensch sind, dann dürfte bei Ihnen die Intuition zu den Primärselbsten gehören. Da unsere Kultur jedoch dazu tendiert, die intuitiven Fähigkeiten zu leugnen oder abzuwerten, zählt die Intuition bei den meisten Menschen zu den verdrängten oder verhältnismäßig schwach entwickelten Selbsten, während der Intellekt oft ein Primärselbst ist.
Wenn der Intellekt zu den Primärselbsten gehört, während die Intuition verdrängt wird, müssen wir uns zunächst aus unserer übermäßigen Identifikation mit der rationalen Seite unseres Wesens lösen, um Verbindung mit unserer inneren Führung aufnehmen zu können. Dies geschieht, indem wir unseren Intellekt als einen Aspekt unserer Persönlichkeit anerkennen und bewusst darauf achten, wie er funktioniert. Wenn wir uns dessen bewusster werden, identifizieren wir uns nicht mehr völlig mit ihm und können freier entscheiden, wie und wann wir ihn einsetzen wollen. Das gibt uns den Freiraum, auch unsere intuitive Seite kennen zu lernen.

Wenn die Intuition ein Primärselbst ist, fällt es uns möglicherweise schwer, logisch zu denken oder auf vernünftige Weise mit den praktischen Herausforderungen des Alltags umzugehen. In diesem Fall müssen wir unsere vernünftige, praktische Seite stärker entwickeln, um damit für eine gute Erdung unserer Intuition in der materiellen Welt zu sorgen.

Damit wir lernen, die Intuition von anderen inneren Energien zu unterscheiden, kann es hilfreich sein, auch einige unserer anderen Selbste kennen zu lernen. Hier sind einige der besonders verbreiteten. Einige davon werden bei Ihnen Primärselbste sein, andere verdrängte Selbste:

Verstand	Intuition
verantwortungsbewusstes Selbst	Freigeist
Fürsorgliche(r)	Perfektionist(-in)
verletzliches Kind	verspieltes Kind
Antreiber(-in)	reines Sein
Vorschriftenmacher(-in)	Rebell(-in)
Selbstakzeptanz	Kritiker(-in)
Aufrichtige(r)	Schönredner(-in)

Wenn Sie einige dieser Energien in Ihrem Inneren identifizieren, können Sie lernen, sie von Ihrer Intuition zu unterscheiden. Wenn zum Beispiel ein Teil von Ihnen glaubt, Sie müssten etwas unbedingt tun, dann handelt es sich dabei vermutlich um Ihren inneren Vorschriftenmacher oder Perfektionisten, nicht um Ihre Intuition. Wenn Sie sehr selbstkritisch sind oder dazu neigen, hart über andere zu urteilen, dann ist Ihr innerer Kritiker oder Richter aktiv und ganz gewiss nicht Ihre intuitive Stimme. Die Botschaften der Intuition sind niemals autoritär oder verurteilend. Die Intuition stellt keine Vorschriften auf, sie übt nie Druck auf uns aus, drängt uns nicht zu Dingen, zu denen wir nicht wirklich innerlich bereit sind, und erzeugt keine Schuldgefühle. Sie äußert sich nicht auf zügellose oder rebellische Weise und verleitet uns niemals zu physisch oder emotional schädlichen Handlungen. Solche Gefühle entstammen anderen Teilen unserer Persönlichkeit. Unsere intuitive Führung wirkt immer belebend. Sie erweitert unseren Horizont und bringt uns manchmal sogar Erleichterung und Befreiung. Ihre Botschaften sind wohltuend für Herz und Seele. Wenn wir ihnen folgen, haben wir das deutliche Gefühl, zur rechten Zeit genau das Richtige zu tun.

Falsche Sehnsüchte

Sehr wichtig ist es, dass wir lernen, zwischen suchthaftem Verlangen und unseren wahren intuitiven Impulsen zu unterscheiden. Die Sucht führt uns immer wieder auf eine vertraute Straße, von der wir wissen, dass dort nur Frustration und Schmerz auf uns warten. Die Intuition dagegen zeigt uns neue Wege, auf denen wir zu größerer Zufriedenheit und Erfüllung gelangen können.

Eine falsche Sehnsucht ist ein heftiges Verlangen nach etwas, das uns, wenn wir es bekommen, nicht wirklich befriedigt und unser

Leben nicht bereichert. Für solche Verlockungen sind wir dann anfällig, wenn wir uns unserer wahren Bedürfnisse und Wünsche nicht bewusst sind oder wenn wir nicht wissen, wie wir sie uns erfüllen können.

Wenn eine solche falsche Sehnsucht obsessiven Charakter annimmt und außer Kontrolle gerät, haben wir es mit einer Suchterkrankung zu tun. Suchtverhalten scheint einige unserer Bedürfnisse kurzzeitig zu befriedigen, doch diese Befriedigung hält nie lange vor, weil unsere tiefen, wahren Bedürfnisse davon nicht gestillt werden. Über kurz oder lang richtet jede Form der Sucht großen Schaden an, bei uns selbst und den Menschen, die uns nahe stehen.

Besonders schädlich daran ist, dass unser Suchtverhalten uns sehr wirkungsvoll daran hindert, in Kontakt mit unseren wahren Bedürfnissen und Wünschen zu kommen und zu lernen, sie auf gesunde Weise zu befriedigen. Daher können wir nur zu echter Lebenserfüllung gelangen, wenn wir zuvor lernen, unsere suchthaften Verhaltensmuster zu erkennen und zu heilen. Und wir alle haben solche Verhaltensmuster, wenn auch in unterschiedlich starker Ausprägung.

Dass die Drogen- und Alkoholsucht in der modernen Gesellschaft epidemische Ausmaße angenommen hat, dürfte jedem von uns bewusst sein. Auch ist inzwischen weithin bekannt, dass sehr viele Menschen an schweren Essstörungen wie Magersucht und Bulimie leiden. Andere weit verbreitete Formen von Suchtverhalten sind Sexbesessenheit, suchthafte Beziehungen, Arbeitssucht, Kaufrausch und Spielsucht.

Manche dieser Suchtformen sind weniger augenfällig als andere und manche wie die Arbeitssucht werden derartig gesellschaftlich gefördert, dass sie nur schwer als krankhaft zu erkennen sind. Sogar das Meditieren kann für manche Menschen Suchtcharakter annehmen. Zur Sucht können all die Dinge werden, die wir gewohnheitsmäßig tun, um den aus der Nichterfüllung unserer wahren Bedürfnisse entstehenden seelischen Schmerz zu betäuben.

Unsere Süchte stellen unbewusste Versuche dar, die innere Leere zu füllen, unter der wir leiden. Doch diese Leere lässt sich nur durch das füllen, was wir in Wahrheit brauchen: eine tiefe Verbindung zu unserer spirituellen Quelle, eine enge Beziehung zur Natur, liebevolle Kontakte zu unseren Mitmenschen, eine erfüllende Arbeit und das Gefühl, einen positiven Beitrag zum Allgemeinwohl zu leisten.

Sucht ist nichts, wofür wir uns schämen müssten, auch wenn die meisten von uns so empfinden. Wir alle sind in der einen oder anderen Form süchtig. Wenn diese Verhaltensmuster zu schmerzhaft und erniedrigend werden, zwingen sie uns glücklicherweise irgendwann dazu, nach Heilung zu suchen.

Und es ist gut, dass wir heute in einer Zeit leben, in der viele diesen Heilungsprozess unterstützende Hilfsangebote existieren. Anonyme Alkoholiker, Al-Anon, Anonyme Esssüchtige, Anonyme Spieler, Anonyme Schuldner und andere 12-Schritte-Selbsthilfeprogramme sind für viele Suchtkranke eine sehr wirkungsvolle Hilfe. Auch bei zahlreichen anderen Selbsthilfegruppen, Beratungsstellen und Therapeuten finden Menschen mit Suchtproblemen kompetente Unterstützung. Wenn Sie den Eindruck haben, dass bei Ihnen ein Suchtproblem besteht, sollten Sie unbedingt qualifizierte Hilfe in Anspruch nehmen. Das könnte sich als Ihr wichtigster Schritt hin zu Gesundheit und Glück erweisen!

(Wie einer meiner Freunde, ein genesender Alkoholiker, gern sagt: Wenn Sie darüber nachdenken, ob bei Ihnen möglicherweise ein Suchtproblem vorliegt, dann haben Sie vermutlich auch eins – warum würden Sie sonst darüber nachdenken?)

Botschaften unseres intuitiven Selbsts werden von einem unverwechselbaren Gefühl und Energiefluss begleitet. Wir können lernen, sie von allen anderen Stimmen in uns zu unterscheiden. Viele der anderen Stimmen sitzen hauptsächlich im Kopf, während unsere intuitiven Gefühle tiefer aus dem Körper zu kommen scheinen. Die folgende Übung kann Ihnen helfen, Ihre intuitive Energie von anderen Energien zu unterscheiden.

ÜBUNG

Sich der inneren Selbste bewusst werden

Setzen Sie sich bequem hin und schließen Sie die Augen. Gibt es einzelne »Selbste«, die gerade in Ihnen besonders präsent sind? Oder Stimmen in Ihrem Kopf? Ist Ihnen klar, um welche Stimmen es sich handelt? Was sagen sie und mit welchen Empfindungen geht das einher? Verbringen Sie bewusst ein paar Minuten Zeit mit ihnen und hören Sie ihnen aufmerksam zu. Schauen Sie, ob Sie darunter eines der Selbste aus der Liste identifizieren können, die ich Ihnen in diesem Kapitel vorgestellt habe.

Atmen Sie nun mehrfach langsam und tief durch und lassen Sie dabei Ihre Aufmerksamkeit vom Kopf hinunter in den Körper wandern – zum Herzen, Solarplexus oder Bauch. Stellen Sie sich vor, dass dort Ihr weises intuitives Selbst wohnt. Fragen Sie es, ob es eine Botschaft für Sie hat – ein Gefühl, einen Gedanken oder ein Bild. Seien Sie offen für alles, was Ihnen daraufhin übermittelt wird.

Verweilen Sie für einige Minuten bei Ihrem intuitiven Selbst. Wenn Sie das Gefühl haben, dass es Zeit ist, die Übung zu beenden, stehen Sie auf und wenden Sie sich wieder Ihren alltäglichen Aktivitäten zu.

ÜBUNG

Verschiedene Stimmen zu Wort kommen lassen

Wenn Sie bezüglich eines Problems oder einer anstehenden Entscheidung einen starken inneren Konflikt spüren, probieren Sie die folgende Übung aus:

Legen Sie verschiedenfarbige Stifte und einen Notizblock oder Ihr Tagebuch bereit. Setzen Sie sich bequem hin und schließen Sie die Augen. Nehmen Sie bewusst Verbindung mit einigen Ihrer inneren Stimmen auf. Wählen Sie eine Stimme aus, die Sie zu Wort kommen lassen möchten, und nehmen Sie einen Farbstift. Schreiben Sie alles auf, was diese Stimme sagen möchte. Wählen Sie dann eine andere Stimme und einen Stift in einer anderen Farbe aus. Schreiben Sie nun alles auf, was diese Stimme mitzuteilen hat.

Wenn Sie beispielsweise vor der Entscheidung stehen, eine wichtige Veränderung in Ihrem Leben vorzunehmen, können Sie einen schwarzen Stift benutzen, um die konservative Stimme in Ihnen zu Wort kommen zu lassen, die eine solche Veränderung für unklug hält. Ein roter Stift kann dann die Stimme repräsentieren, die die Veränderung begrüßt, weil sie gerne etwas Neues erleben möchte, und ein blauer Stift Ihr verletzliches inneres Kind, das die Veränderung fürchtet (oder herbeisehnt). Mit einem grünen Stift können Sie aufschreiben, was Ihre kreative Stimme dazu zu sagen hat, und so weiter.

Fahren Sie damit so lange fort, bis alle wichtigen Stimmen Gelegenheit hatten, ihre Meinung kundzutun. Dabei werden Sie feststellen, dass manche Stimme in direktem Widerspruch zu einer anderen steht. Versuchen Sie zu diesem Zeitpunkt aber nicht, eine Lösung zu finden. Werden Sie sich lediglich der unterschiedlichen Gefühle und Standpunkte in Ihrem Inneren bewusst.

Atmen Sie dann ein paarmal tief durch und lassen Sie Ihre Aufmerksamkeit zu einem Ort tief in Ihnen wandern. Fragen Sie Ihre Intuition, ob es etwas gibt, das Sie jetzt in diesem Moment wissen sollten. Seien Sie offen für jede Botschaft, die sich daraufhin einstellt. Wenn Sie keine Botschaft erhalten, so ist das auch in Ordnung.

Wenn Sie das Gefühl haben, dass es Zeit ist, die Übung zu beenden, stehen Sie auf und wenden Sie sich wieder Ihren alltäglichen Aktivitäten zu.

Versuchen Sie nicht, jetzt gleich eine Lösung zu finden oder eine Entscheidung zu treffen. Sie können aber davon ausgehen, dass Sie während der nächsten Tage oder in ein bis zwei Wochen zu größerer Klarheit gelangen werden.

Intuition und Emotion

In welcher Beziehung stehen Intuition und Emotionen zueinander? Wenn wir von »Gefühlen« sprechen, meinen wir damit sowohl unsere intuitiven Eindrücke als auch unsere Emotionen. Hier kommt es leicht zu Verwechslungen. Es besteht ein Unterschied zwischen intuitiven Gefühlen und Emotionen und doch sind sie eng verwandt.

Wie wir im vorigen Kapitel gesehen haben, existieren in uns viele verschiedene »Selbste«. Eines davon ist unser intuitives Selbst. Bestimmte andere Selbste sind die Träger unserer Emotionen. Zum Beispiel wohnt in uns allen ein verletzliches, sensibles Kind, das unsere emotionalen Bedürfnisse in sich trägt. Dieser Teil unseres Wesens neigt zu Traurigkeit und Ängstlichkeit. Doch er befähigt uns auch, tiefe Liebe und Zuneigung zu schenken und zu empfangen und in unseren zwischenmenschlichen Beziehungen echte Nähe herzustellen. Auch ein verspieltes Kind wohnt in uns, das sich darauf versteht, Spaß zu haben und das Leben zu genießen. Wir besitzen auch ein Selbst, das zu heftiger Wut fähig ist und uns verteidigt, wenn wir uns verletzt und ängstlich fühlen. Es gibt in uns also in der Tat eine große Zahl von Unterpersönlichkeiten, die die verschiedenen Emotionen transportieren.

Bei jedem dieser Teile kann es sich um ein Primärselbst oder ein verdrängtes Selbst handeln. Wenn es sich um ein Primärselbst handelt, identifizieren wir uns mit ihm und zeigen es der Welt. Handelt es sich dagegen um ein verdrängtes Selbst, verbergen und unterdrücken wir es zumeist. Oft wissen wir gar nicht, dass es überhaupt existiert, und falls doch, schämen wir uns seiner.

Viele Menschen verdrängen fast alle Emotionen. Sie sind stolz auf ihre Härte und Stärke oder sie betrachten das Leben ausschließlich auf rationale Weise. Sie nehmen ihre Emotionen kaum wahr, und wenn, bemühen sie sich, sie vor anderen zu verbergen. Häufig fällt es ihnen schwer, echte Verbundenheit und Intimität zu ihren Mitmenschen herzustellen.

Bei anderen gehören die Emotionen zu den Primärselbsten, sodass diese Menschen hoch sensibel und gefühlsbetont sind. Es fällt ihnen schwer, Grenzen zu ziehen, und ihrem Leben mangelt es häufig an Stabilität. Oft durchleben sie nicht nur ihre eigenen Emotionen, sondern auch die anderer Leute. Wenn sie nicht gut auf sich Acht geben, können sie leicht in eine Opferrolle hineingeraten.

Die meisten von uns fühlen sich mit bestimmten Emotionen recht wohl, mit anderen dagegen überhaupt nicht. Bestimmte emotionale Selbste sind primär, andere verdrängt. Manche Menschen – Männer vor allem – haben kein Problem damit, ihren Ärger zu zeigen, doch ihre verletzliche Seite zum Ausdruck zu bringen bereitet ihnen großes Unbehagen. Andere Menschen – Frauen insbesondere – können gut Angst oder Traurigkeit zum Ausdruck bringen, fürchten sich aber davor, Wut zu zeigen. Viele Leute stehen in gutem Kontakt zu ihrem verspielten inneren Kind, verdrängen aber ihr anderes, verletzliches Kind.

Wenn wir ein gesundes, ausgewogenes Leben führen möchten, sollten wir uns für alle unsere Emotionen öffnen und wissen, wie und wann wir sie auf angemessene Weise zum Ausdruck bringen können. Ein voll gelebtes Leben ist ein Leben mit tiefen und leidenschaftlichen Gefühlen, in dem wir uns aber nicht von ihnen überwältigen lassen. Dieser Zustand ist für die meisten Menschen nur durch psychologische Heilungsarbeit erreichbar.[3]

Jede Emotion, die wir unterdrücken und leugnen, erzeugt in uns einen Energiestau. Diese energetische Blockade kann sich mit der Zeit immer mehr verschlimmern und schließlich emotionale und körperliche Probleme hervorrufen.

Wenn auch unsere Intuition nicht identisch mit unseren Emotionen ist, so ist sie doch eng mit ihnen verbunden. In gewisser Weise befindet sie sich direkt unterhalb von ihnen, eine Schicht tiefer in unserem Bewusstsein. Wenn wir uns gegen unsere Gefühle sperren, fällt es uns erheblich schwerer, Kontakt zur Intuition herzustellen. Je mehr wir uns für unsere Emotionen öffnen und ihnen auf angemessene Weise Ausdruck verleihen, desto leichter fällt es uns, auch unsere intuitiven Ahnungen wahrzunehmen und richtig zu deuten. Wenn wir uns emotional »im Fluss« befinden, kann unsere Intuition viel leichter unser Alltagsbewusstsein durchdringen.

Frauen werden häufig für intuitiver gehalten, weil ihnen in unserer Kultur traditionell eine größere Emotionalität zugebilligt wird als Männern. Da sie sich im Reich der Gefühle in der Regel wohler fühlen, fällt es ihnen leichter, einen guten Kontakt zur Intuition aufrechtzuerhalten. (Andererseits mangelt es Frauen oft an dem nötigen

---

[3] Wenn Sie sich ausführlicher mit der emotionalen Heilung beschäftigen möchten, empfehle ich Ihnen mein Buch *Die vier Stufen der Heilung*.

Selbstvertrauen, um dann auch entsprechend ihren intuitiven Eingebungen zu *handeln*.)

Männer werden traditionell darauf konditioniert, sich von ihren Gefühlen zu distanzieren und ihre ganze Aufmerksamkeit auf die Herausforderungen der äußeren Welt zu richten. Da es Männern meist nicht erlaubt ist, sich ihren Gefühlen hinzugeben, fällt es ihnen schwerer, sich für die Intuition zu öffnen. Glücklicherweise verschwinden diese stereotypen Rollenmuster aber immer mehr. Ich habe die Erfahrung gemacht, dass die meisten Männer ihre Intuition mit etwas Übung und Ermutigung genauso schnell entwickeln können wie viele Frauen.

Wenn wir einmal ein klares Bewusstsein für unsere Emotionen entwickelt haben, fällt es uns leicht, sie von unseren intuitiven Gefühlen zu unterscheiden. Jede Emotion besitzt ihre eigene spezielle Energie und auch unsere Intuition besitzt eine einzigartige energetische Schwingung. Emotionen und intuitive Ahnungen lösen unterschiedliche körperliche Empfindungen aus (siehe das nächste Kapitel »Die Intuition und unser Körper«).

Je mehr emotionale Heilungsarbeit wir geleistet haben, desto wahrscheinlicher ist es, dass unsere Emotionen und unsere intuitiven Gefühle Hand in Hand arbeiten. Wir spüren eine Sehnsucht, eine bestimmte Richtung in unserem Leben einzuschlagen, und diese Sehnsucht speist sich gleichermaßen aus der emotionalen und aus der intuitiven Ebene. Oder wir spüren ein emotionales und intuitives Unbehagen bezüglich eines bestimmten Vorhabens und erkennen, dass es einfach nicht gut für uns wäre, diesen Plan weiterzuverfolgen.

Wenn wir unsere Emotionen bislang verdrängt haben oder unser Gefühlshaushalt aus dem Gleichgewicht geraten ist, wie können wir dann eine emotionale Heilung erreichen?

Im Allgemeinen benötigen wir dazu einen vertrauenswürdigen Menschen, mit dem wir offen über unsere Gefühle sprechen können. Wenn wir Freunde oder Verwandte haben, zu denen eine wirklich authentische Beziehung möglich ist, genügt das mitunter schon. Ich habe aber festgestellt, dass die meisten Menschen irgendwann im Leben auch die professionelle Hilfe eines Therapeuten oder die Teilnahme an einer Selbsthilfegruppe brauchen.

Viele von uns schämen sich bei dem Gedanken, andere um emotionale Unterstützung zu bitten, da unsere Kultur so viel Wert auf Unabhängigkeit legt. In Wahrheit zeugt es aber von persönlicher Stärke, wenn wir zugeben, dass es für uns noch etwas zu lernen gibt.

Wenn Sie den Eindruck haben, dass Sie unter blockierten Gefühlen leiden und dadurch Ihre intuitiven Fähigkeiten und Ihre Lebensfreude beeinträchtigt werden, empfehle ich Ihnen sehr, für eine gewisse Zeit die Hilfe eines guten Therapeuten in Anspruch zu nehmen.

Es gibt viele verschiedene Therapien von sehr unterschiedlicher Wirksamkeit. Scheuen Sie sich nicht, sich in der Therapeutenszene in Ruhe umzuschauen. Versuchen Sie, jemanden zu finden, der Ihnen wirklich dabei hilft, mit Ihren Gefühlen in Kontakt zu treten und sie auf authentische Weise zum Ausdruck zu bringen. (Eine Möglichkeit wäre, sich einen Therapeuten zu suchen, der die Voice-Dialogue-Methode von Hal und Sidra Stone anwendet. Adressen solcher Therapeuten erhalten Sie über die im Anhang angegebene Kontaktadresse.)

ÜBUNG

Kontakt mit den Emotionen aufnehmen

Schließen Sie morgens nach dem Aufwachen die Augen und richten Sie Ihre Aufmerksamkeit auf Ihre Körpermitte – Ihr Herz, Ihren Solarplexus und Ihren Unterleib. Fragen Sie sich, wie Sie sich momentan fühlen. Versuchen Sie, Ihre Gefühle von den Gedanken in Ihrem Kopf zu unterscheiden. Fühlen Sie sich friedlich, aufgeregt, ängstlich, traurig, wütend, fröhlich, frustriert, einsam, erfüllt, ernst oder verspielt?

Wenn Sie innere Unruhe oder Angst verspüren, gehen Sie in dieses Gefühl hinein und geben Sie ihm eine Stimme. Fragen Sie es, welche Botschaft es für Sie hat. Hören Sie ihm aufmerksam, mitfühlend und liebevoll zu. Gehen Sie sanft und unterstützend mit Ihren Gefühlen um. Fragen Sie, was Sie jetzt im Moment Gutes für sich selbst tun können. Wiederholen Sie diese Übung abends vor dem Schlafengehen und auch tagsüber, wann immer Sie Gelegenheit dazu finden.

KAPITEL 10

Die Intuition und unser Körper

Wenn Sie bewusster und liebevoller mit Ihrem physischen Körper umgehen, wird Ihnen das helfen, den Kontakt zu Ihrer Intuition zu verbessern. Wenn es darum geht, der eigenen inneren Weisheit zu folgen, ist der Körper ein ausgezeichneter Lehrmeister.

Zu den Krankheiten der modernen Gesellschaft gehört es, dass wir von unserem Körper entfremdet sind. Wir verbringen viel Zeit auf der intellektuellen Ebene, wo wir denken und Pläne machen, doch die Botschaften unseres Körpers ignorieren wir. Dabei versucht der Körper oft, uns entweder subtil oder auf sehr deutliche Weise zu einer besseren Befriedigung unserer Bedürfnisse hinzuführen.

Vor kurzem gönnte ich mir einen freien Tag, um mich an den heißen Quellen in der Nähe meines Wohnortes zu entspannen. Ich lag an einem schönen Platz bei den Quellen unter einem Baum, ruhte mich aus und meditierte. Plötzlich bemerkte ich, dass sich in der Nähe Leute laut unterhielten. Ich versuchte, dies zu ignorieren, da mir dieser Platz sehr gut gefiel und ich keinen besseren Ort kannte, um mich auszuruhen. Ich sagte mir, dass es mir möglich sei, die Störenfriede einfach zu ignorieren. Doch nach ein paar Minuten spürte ich, wie mein Körper sich verspannte. Ein Pfad, den ich auf dem Hinweg gesehen hatte, kam mir in den Sinn. Also tat ich, was mein Körper offensichtlich wollte – ich stand auf und ging diesen Pfad hinauf. Schon bald gelangte ich zu einer schönen Wiese, wo ich völlig ungestört war. Ich legte mich ins Gras und nun konnte ich mich wirklich tief entspannen. Meine Intuition hatte sich über meinen Körper bemerkbar gemacht und mich zu einem Platz geführt, an dem ich mich optimal entspannen konnte.

Je mehr Sie Ihren Körper spüren und auf seine Signale achten, desto mehr hilft er Ihnen dabei, intuitive Botschaften wahrzunehmen. Meditation kann dabei eine große Hilfe sein, besonders wenn Sie Ihre Aufmersamkeit vom Kopf in die Region Ihres Solarplexus oder Ihres Herzens lenken. Sich auf diese Bereiche des Körpers zu konzentrieren wird Ihnen dabei helfen, von der Ebene des Intellekts zu Ihrem intuitiven Selbst zu gelangen.

Die Intuition kann sich im Körper auf vielfältige Weise bemerkbar machen. Manche Menschen spüren ihre Intuition im Solarplexus – weswegen häufig vom »Bauchgefühl« die Rede ist. Manche Menschen spüren sie im Herzen oder in den Händen. Wieder andere bekommen eine Gänsehaut, wenn jemand etwas sagt, das eine intuitive Wahrheit in ihnen anspricht; manche haben auch den Eindruck, dass sie wie von einem Magneten physisch spürbar in eine ganz bestimmte Richtung gezogen werden.

Ich kenne eine Frau, die, wenn sie von Angst und Unruhe befallen wird, eine Checkliste durchgeht und darauf achtet, bei welchen Worten auf der Liste das Angstgefühl sich besonders bemerkbar macht.

Dann weiß sie, welchen Bereichen ihres Lebens sie gerade besondere Aufmerksamkeit widmen muss. Ihre Liste sieht in etwa folgendermaßen aus:

Beruf	Kinder	Ehemann
Fitness	Haus	Garten
Finanzen	Reisen	Eltern

Sie verweilt für zehn bis fünfzehn Sekunden bei jedem dieser Themen und geht dann zum nächsten weiter. Wenn bei einem der Themen das Angstlevel in ihrem Körper spürbar ansteigt, weiß sie, dass sie diesem Bereich momentan besondere Aufmerksamkeit widmen muss. Wenn beispielsweise bei dem Wort »Beruf« die Angst in ihrem Körper ansteigt, stellt sie eine neue Liste auf, in der sie alle beruflichen Projekte notiert, mit denen sie gerade beschäftigt ist. So findet sie das Projekt heraus, das der Grund für ihre ängstliche Unruhe ist, und befasst sich dann unverzüglich mit den dort zu lösenden Problemen. Diese Methode hilft ihr sehr dabei, unnötige Selbstzweifel und Unsicherheiten zu beseitigen. Das ist ein wirklich ausgezeichneter Weg, auf den eigenen Körper zu hören und seine Botschaften im Alltag zu nutzen.

Auf den Körper hören

Die Botschaften des Körpers können sehr machtvoll sein. Wenn Sie krank werden, geschieht das oft, weil Ihre Intuition versucht, irgendwie zu Ihnen durchzudringen. Die Erkrankung ist eine Mahnung, die Dinge langsamer anzugehen, sich zu entspannen, besser für sich selbst zu sorgen, auf die innere Stimme zu hören und stärker auf die eigene Natur zu vertrauen.

Wenn ich an einem Projekt arbeite, signalisiert mir meine Intuition häufig durch ein Gefühl kribbelnder Erregung in meinem Körper, dass ich mich auf dem richtigen Kurs befinde. Bei anderen Gelegenheiten spüre ich, dass ich auf dem richtigen Weg bin, weil ich mich gelassen, zufrieden und entspannt fühle. Das sind nur zwei Beispiele dafür, wie mein Körper tagtäglich mit mir kommuniziert. Wenn wir uns dieser Empfindungen einmal bewusst geworden sind, ist es ziemlich einfach, den intuitiven Impulsen zu folgen, die wir durch den Körper empfangen.

Eine Freundin erzählte mir, dass sie vor zwanzig Jahren entdeckte, wie ihre Intuition durch den Körper zu ihr sprach. Sie war von ihrem neuen Freund eingeladen worden, ihn zu einem nachmittäglichen Barbecue zu begleiten. (Sie war seit ein paar Jahren geschieden und hatte begonnen, wieder mit Männern auszugehen.) Sie hatte sich schon die ganze Woche auf dieses Barbecue gefreut, aber als der Tag dann da war, wachte sie morgens mit einem unbehaglichen Gefühl auf. Sie konnte dieses Gefühl nicht näher bestimmen, spürte aber, dass irgendetwas nicht in Ordnung war. Sie ging zu dem Barbecue. Zwar wurde es eine nette Feier, doch das Gefühl des Unbehagens ließ sie nie ganz los. Kurz nachdem sie am frühen

Abend mit ihrem Freund nach Hause zurückgekehrt war, klingelte es an der Haustür. Sie öffnete und ein Bote drückte ihr eine Vorladung in die Hand. Ihr Exmann hatte eine alte Kreditkartenschuld nicht beglichen, und nun wurde *sie* verklagt, weil sie vor Jahren Mitbenutzerin des Kontos gewesen war und die Bank ihren Exmann nicht ausfindig machen konnte. Als ihr die Vorladung ausgehändigt worden war, verschwand das unbehagliche Gefühl – sie kannte nun den Grund für dieses Unbehagen. Sie hatte schon den ganzen Tag über *gespürt*, dass diese schlechte Nachricht kommen würde.

Aus diesem Erlebnis lernte sie, dass ihr Körper Dinge »erspüren« kann – und dann versucht, ihr die entsprechende Botschaft zu vermitteln. Seither achtet sie sorgfältig auf die intuitiven Botschaften, die sie durch ihren Körper empfängt, und sie hat gelernt, diese Informationen im täglichen Leben mit Erfolg anzuwenden.

ÜBUNG

Tagebuch

Hier folgt eine Tagebuch-Übung, die Ihnen hilft, sich der intuitiven Gefühle in Ihrem Körper bewusster zu werden:

Notieren Sie für mindestens eine Woche jeden intuitiven Impuls, jede Vorahnung, die Sie in Ihrem Körper fühlen. Vielleicht verspüren Sie auf dem Weg zur Arbeit eine unerklärliche, erwartungsvolle Erregung. Oder beim Verlassen Ihres Hauses befällt Sie plötzlich das starke Gefühl, etwas vergessen zu haben. Notieren Sie auch, ob und wann diese intuitiven Gefühle sich als richtig erweisen. Wenn Sie zum Beispiel bei der Arbeit überraschend einen schönen Blumenstrauß geschenkt bekommen oder unerwartet eine Gehaltserhöhung erhalten, wäre das eine Bestätigung für die Erregung, die Sie zuvor auf dem Weg zur Arbeit spürten.

Je mehr Sie sich darin üben, solche körperlichen Eindrücke wahrzunehmen und richtig zu deuten, desto besser wird Ihre Intuition im Alltag funktionieren.

Intuition und Gesundheit

Die Botschaften des Körpers sind wichtig und wertvoll, es ist allerdings nicht immer leicht, sie richtig zu interpretieren. Entspannung, emotionale Heilung und Meditation können Ihre Sensibilität für die körperlichen Mitteilungen Ihrer Intuition erhöhen.

Oft spricht der Körper eine verblüffend klare und bildhafte Sprache: Eine Frau leidet beispielsweise unter Rückenschmerzen, weil sie sich zu viel Verantwortung auflädt, oder ein Mann bekommt eine Herzattacke, weil er sich bei der Arbeit unbarmherzig antreibt und die Bedürfnisse seines Herzens ignoriert.

Wenn es Ihnen schwer fällt, klar zu verstehen, was Ihr Körper Ihnen mitteilen möchte, sollten Sie die Fähigkeit des aufmerksamen »In-sich-hinein-Horchens« kultivieren, wobei stille Kontemplation, Tagebuchschreiben und Therapie hilfreich sein können.[4]

Machen Sie sich keine Sorgen, wenn es Ihnen nicht auf Anhieb gelingt, die Mitteilungen Ihres Körpers intellektuell zu begreifen. Wenn Sie sich innerlich öffnen, wird sich schon bald das richtige Verständnis einstellen. Wenn dagegen andere Menschen versuchen, Ihre Körperbotschaften für Sie zu deuten, sollten Sie diese Deutungen nur akzeptieren, wenn sie sich für Sie richtig anfühlen!

Es ist wichtig, dass wir uns der intuitiven Impulse unseres Körpers bewusst werden und ihnen vertrauen. Falls nicht, wird der Körper zu drastischeren Mitteln greifen, um unsere Aufmerksamkeit zu erlangen. Das geschieht dann oft durch »Unfälle« oder Krankheiten.

---

[4] Mehr über körperliche, emotionale, geistige und spirituelle Gesundheit erfahren Sie in meinem Buch *Die vier Stufen der Heilung*.

Vor kurzem machte eine meiner Geschäftspartnerinnen die Erfahrung, dass ihr Körper auf sehr dramatische Weise Aufmerksamkeit einforderte. Sie ist immer schon ein sehr fleißiger Mensch gewesen – bewältigte in ihren typischen Zwölf- bis Vierzehnstundentagen ein enormes Arbeitspensum. Sie verfügte über eine Menge Energie, liebte ihre Arbeit und alles, was sie in Angriff nahm, gelang ihr ausgezeichnet. Doch nachdem sie viele Jahre in diesem hektischen Arbeitstempo gelebt hatte, machte sich allmählich eine körperliche, geistige und seelische Erschöpfung bemerkbar.

Sie erhielt immer wieder warnende intuitive Botschaften, dass sie kürzer treten und sich mehr Ruhe und Erholung gönnen sollte. Doch ihr innerer »Antreiber« ließ nicht locker und veranlasste sie, im bisherigen Tempo weiterzumachen. Ihre Gesundheit litt, nichts Ernstes zunächst, doch sie schien sich jeden Erkältungsbazillus einzufangen, der gerade herumschwirrte. Ehe sie sich richtig von einer Erkältung erholt hatte, zog sie sich schon die nächste zu. Statt auf ihren Körper zu hören und sich auszuruhen, verlängerte sie ihre Arbeitstage noch mehr, um den durch die vielen Erkältungen entstandenen Rückstand aufzuholen.

Schließlich wurde ihre Erschöpfung so schlimm, dass ihr körperliches Reaktionsvermögen nachließ. Sie verursachte einen Autounfall, bei dem sie sich eine Gehirnerschütterung zuzog. Als sie sich halbwegs davon erholt hatte, glaubte sie wiederum, den durch die unfreiwillige Pause entstandenen Zeitverlust durch noch mehr Arbeit ausgleichen zu müssen. Natürlich funktionierte das nicht. Schließlich wurde sie erneut in einen Autounfall verwickelt und diesmal erlitt sie eine schwerere Kopfverletzung mit einem leichten Hirnschaden. Jetzt war eine längere berufliche Erholungspause unumgänglich geworden. Inzwischen ist sie gesundheitlich wiederhergestellt und hat gelernt, in ihrem Leben ein besseres Gleichgewicht zwischen Arbeit und Muße herzustellen.

Das ist ein extremes Beispiel dafür, welche ernsten Folgen es haben kann, wenn wir die Botschaften unseres Körpers ignorieren. So weit muss es aber gar nicht erst kommen. Wir können viel früher lernen, mit unserem Körper zu kommunizieren. Der Trick besteht darin, dass Sie gut für Ihren Körper sorgen und stets darauf achten, was er Ihnen sagen möchte.

ÜBUNG

Körperkommunikation

Diese einfache Übung hilft Ihnen dabei, die intuitiven Botschaften Ihres Körpers bewusster wahrzunehmen. Diese Übung kann täglich oder einmal pro Woche wiederholt werden, ganz nach Wunsch.

Setzen oder legen Sie sich bequem hin. Atmen Sie tief durch. Spüren Sie, wie Ihr Körper schwer und entspannt in den Sessel oder auf die Unterlage sinkt. Atmen Sie wieder tief und spüren Sie die Verbindung Ihres Körpers mit dem Boden, spüren Sie, wie die Erde Sie trägt. Lassen Sie Ihren Geist allmählich still werden. Atmen Sie weiter tief, und geben Sie Ihrem Körper das Gefühl, geborgen zu sein und beschützt zu werden, umgeben von Licht und Wärme.

Atmen Sie erneut tief durch und fragen Sie Ihren Körper: »Was möchtest du mir jetzt in diesem Moment mitteilen?« Wenn Ihnen bestimmte körperliche Beschwerden zu schaffen machen, können Sie Ihren Körper genau befragen, was er Ihnen mit diesen Beschwerden sagen möchte. Seien Sie geduldig und atmen Sie ruhig und tief.

Lassen Sie beim Einatmen Ihren Körper die nährenden, heilenden Eigenschaften des aufgenommenen Sauerstoffs spüren und lassen Sie mit dem Ausatmen alles Unbehagen und alle Angst davonziehen. Lassen Sie gleichzeitig Ihre Aufmerksamkeit zu einem Ort tief in Ihrem Inneren wandern. Achten Sie während der Übung auf alle auftauchenden Gefühle, Sinnesempfindungen und inneren Bilder.

Fragen Sie Ihren Körper nun: »Was kann ich tun, um die Beschwerden und die Sorgen zu lindern?« Achten Sie erneut auf alle Gefühle, Sinnesempfindungen und Bilder.

Atmen Sie jetzt tief durch und danken Sie Ihrem Körper für die Informationen, die er Ihnen übermittelt hat. Wenn Sie sich innerlich bereit dazu fühlen, öffnen Sie die Augen und machen Sie sich zu den empfangenen Informationen ein paar Notizen in Ihrem Tagebuch.

Notieren Sie unbedingt, auf welche Weise Ihr Körper seine Botschaft übermittelt hat. Haben Sie eine Gänsehaut bekommen, haben Sie ein Gefühl des Friedens oder eine plötzliche Unruhe gespürt, haben sich bestimmte Gedanken oder innere Bilder eingestellt? Hat sich Ihr Magen zusammengekrampft oder sind Sie schläfrig geworden? Die Art, wie Ihr Körper die Botschaft kommuniziert hat, kann sehr aufschlussreich sein. Wenn Sie schläfrig geworden sind, möchte Ihr Körper Ihnen damit vielleicht sagen, dass Sie sich mehr Ruhe gönnen sollen. Oder aber es bedeutet, dass Sie die Übung besser zu einer anderen Tageszeit machen sollten, wenn es Ihnen leichter fällt, wach und aufmerksam zu bleiben.
Nur Sie selbst können wirklich wissen, was Ihr Körper Ihnen in Ihrer momentanen Lebenssituation jeweils mitteilen möchte.

Intuition im Beruf

So wie in allen anderen Bereichen unseres Lebens kann uns die Intuition auch im Beruf eine große Hilfe sein. Wir können sie nutzen, um Informationen besser zu erfassen, gute Entscheidungen zu treffen, besser für uns selbst zu sorgen und im Umgang mit anderen erfolgreicher zu sein. Wenn Sie das Werkzeug der Intuition in Ihrem beruflichen Umfeld anwenden, kann das Ihren Arbeitsalltag effizienter, angenehmer und leichter machen.

Auf einer tieferen Ebene fördert die intuitive Führung Ihre kreativen Ausdrucksmöglichkeiten, was es Ihnen ermöglicht, sich berufliche Aufgaben zu suchen, die Ihnen echte Befriedigung schenken, und auf allen Ebenen, nicht nur der finanziellen, erfolgreicher zu werden. Ich lese gerne Interviews, Artikel und Biografien berühmter Menschen und habe festgestellt, dass die besonders erfolgreichen unter ihnen stets auf ihre Intuition hören oder dies zumindestens in den entscheidenden Augenblicken ihres Lebens getan haben.

Manchen Menschen fällt es im beruflichen Bereich besonders schwer, ihren intuitiven Gefühlen Aufmerksamkeit zu schenken, weil dort keine dies unterstützende Atmosphäre herrscht. Früher wurden die meisten Geschäftsunternehmen und öffentlichen Institutionen nach patriarchalischen Mustern geführt, bei denen intuitiven Regungen nur wenig Bedeutung beigemessen wurde. Glücklicherweise ändert sich das heute und immer mehr Firmen erkennen den Wert der Intuition.

Einer meiner nahen Freunde wurde vor ein paar Jahren als leitender Geschäftsführer eines mittleren Unternehmens eingestellt. Im letzten Jahr beschloss die Firma auf einer Vorstandssitzung, einige interne Umstrukturierungen vorzunehmen. Man war der Meinung, dies solle besser geheim bleiben, und wollte die Gewerkschaft nicht darüber informieren. Mein Freund spürte intuitiv, dass es eine falsche Strategie war, der Gewerkschaft die Informationen vorzuenthalten, und trat nachdrücklich dafür ein, offen und aufrichtig mit den Gewerkschaftern zu sprechen. Er ahnte, dass die geplante Geheimhaltung unangemessen war und unnötiges Misstrauen unter den Mitarbeitern säen würde.

Er wusste, dass es ziemlich gewagt war, als einziges Vorstandsmitglied gegen die Geheimhaltung zu plädieren, doch er hatte das starke Gefühl, dass Aufrichtigkeit auf lange Sicht die beste Politik für das Unternehmen sein würde. Er erklärte sich bereit, die alleinige Verantwortung zu übernehmen, falls seine Auffassung sich als falsch erweisen sollte. So konnte er die anderen Mitglieder des Vorstandes schließlich überzeugen, ihm ein offenes Gespräch mit den Gewerkschaftsvertretern zu erlauben. Anfangs schlugen die Wogen bei diesem Gespräch ziemlich hoch, da zunächst Misstrauen und Angst überwunden werden mussten. Bald schon arbeiteten Vorstand und Gewerkschaft aber gemeinsam an einer neuen Vision für das Unternehmen. So stiegen die Gewinne der Firma innerhalb nur eines Jahres von drei auf dreiunddreißig Millionen Dollar!

Die Intuition kann Ihnen auf wirklich fantastische Weise dabei helfen, die richtige Arbeit zu finden. Wenn Sie bei der Arbeitssuche Ihrer Intuition folgen, fügen sich die Dinge oft auf überraschende und synchronistische Weise.

Vor ein paar Jahren unterhielt sich Lora, meine Geschäftsführerin, mit ihrer Freundin Gina. Gina sagte, sie spüre intuitiv, dass sie eines Tages zusammenarbeiten würden. Diese Idee gefiel ihnen beiden, doch sie hatten keine Ahnung, wie das Realität werden konnte, da sie damals in sehr unterschiedlichen beruflichen Feldern tätig waren.

Ungefähr vor einem Jahr teilte uns dann eine unserer Teilzeitangestellten mit, dass sie kündigen wollte. Bei dieser Besprechung in Loras Büro rief »zufällig« Gina an, erzählte Lora, dass sie gerade auf Jobsuche sei, und bat sie um die Telefonnummer einer bestimmten Firma, bei der sie sich bewerben wollte. Lora erwähnte den Job in unserem Büro, der soeben frei geworden war, doch Gina suchte nach einer Vollzeitstelle. Eine Woche später entschloss sich eine weitere unserer Teilzeitkräfte zur Kündigung, da sie sich schulisch weiterbilden wollte. Nun konnten wir Gina tatsächlich eine Vollzeitstelle anbieten. Zwar war sie für diesen Job eigentlich überqualifiziert, und die Bezahlung entsprach nicht ganz ihren Vorstellungen, aber intuitiv spürte sie, dass sie trotzdem gerne bei uns einsteigen wollte. Sie erwies sich als echter Gewinn für unsere Firma und innerhalb von sechs Monaten erarbeitete sie sich durch ihren Einsatz eine Managementposition mit einem angemesseneren Gehalt.

Als wir darüber sprachen, wie optimal sich die Dinge gefügt hatten, kam die Frage auf: »War Gina nun ihrer Intuition gefolgt oder handelte es sich um Synchronizitäten?« Meiner Ansicht nach sind Synchronizitäten das Ergebnis, das sich einstellt, wenn wir unserer Intuition folgen.

Zwar kann die Intuition Ihnen wunderbar dabei helfen, eine erfüllende Arbeit zu finden, Sie sollten aber bedenken, dass sie Sie nur so weit führen kann, wie Sie zu gehen bereit sind. Daher kann der Weg, der Sie schließlich zu der für Sie richtigen Beschäftigung führen wird, Zeit benötigen und über viele unterschiedliche Stationen verlaufen. Da die Intuition uns Schritt für Schritt führt, müssen wir bereit sein, den gerade anstehenden Schritt zu tun, auch wenn wir noch nicht wissen, wohin wir letztlich gelangen werden!

Eine Frau aus meinem Zweijahreskurs beschloss, ihre langjährige Tätigkeit als Geschäftsführerin eines Autohandels aufzugeben. Das war ein sehr kühner Schritt für sie, denn sie war an die materielle Sicherheit ihrer bisherigen Anstellung gewöhnt. Sie spürte intuitiv, dass es eine andere Arbeit gab, die ihr mehr Freude machen würde, hatte aber noch keine Ahnung, was genau das sein sollte. Sie gönnte sich ein paar Monate Zeit, um sich zu erholen und nachzudenken. Dabei stellte sie fest, dass das Spielen mit ihren beiden Hunden eigentlich das war, was ihr am meisten Spaß machte. Da sie über ein großes Grundstück verfügte, kam ihr die Idee, eine »Hundetagesstätte« zu gründen, wo sie, zunächst einfach nur zum Spaß, tagsüber die Hunde anderer Leute betreute. Innerhalb weniger Monate wurde daraus ein florierendes Geschäft, bei dem sie ihre Zeit hauptsächlich mit dem verbringt, was ihr mehr Freude macht als alles andere – mit Hunden spielen. Gegenwärtig denkt sie darüber nach, ob sie expandieren oder ihr Geschäft klein und einfach halten soll. Solange sie dabei ihrer Intuition folgt, wird sie gewiss die für sie richtige Entscheidung treffen.

Intuition und Geld

Wenn wir unserer Intuition vertrauen und ihren Eingebungen folgen, unterstützt das Leben uns dabei auf vielfältige Weise, auch finanziell. Geld ist letztlich ein Symbol für Energie, und in unserer finanziellen Situation spiegelt sich wider, wie die Energie in unserem Leben fließt. Wenn wir dem Fluss unserer Energie folgen und tun, was wirklich gut für uns ist, verfügen wir in der Regel über genügend finanzielle Mittel, um unseren Pflichten und Aufgaben nachkommen zu können.

Was das Geld angeht, sind die Bedürfnisse und Bestimmungen der Menschen sehr verschieden. Manche Menschen führen ein relativ einfaches Leben, für das sie nur geringe Geldmengen brauchen; bei anderen ist das Leben komplexer, sodass sie für ihren Unterhalt große Summen benötigen. Wenn wir unserer Intuition folgen, werden wir nach meiner Erfahrung stets mit genügend Geld versorgt, um unsere Lebensbestimmung zu erfüllen.[5]

Hier ist ein bemerkenswertes Beispiel dafür, was geschehen kann, wenn jemand es riskiert, seinen intuitiven Gefühlen zu folgen, auch wenn viel auf dem Spiel steht und die intuitiven Botschaften dem gesunden Menschenverstand zu widersprechen scheinen:

Ich kenne einen Mann aus New York, der vor gut einem Jahr eine Frau aus Kalifornien heiratete. Als sie heirateten, planten sie ursprünglich, so bald wie möglich zusammen in Kalifornien zu leben. Der Mann musste noch einige berufliche Aufgaben in seiner bisherigen Arbeitsstelle abwickeln und wollte sich dann in Kalifornien nach

---

[5] In meinem Buch *Das Geheimnis wahren Reichtums* befasse ich mich ausführlich mit der Beziehung zwischen Intuition und Geld.

einer neuen Arbeit umsehen. Er arbeitete in einer Branche, die an der Westküste genauso gute Möglichkeiten bot wie im Osten.

Er bewarb sich bei mehreren kalifornischen Unternehmen, und schon bald wurde ihm eine vorzüglich aussehende Teilhaberschaft in einer Firma angeboten, die nur wenige Minuten von ihrem neuen Wohnhaus entfernt lag. Diese Firma war außerordentlich erfolgreich und man machte ihm ein höchst attraktives Angebot.

In den folgenden vier Monaten schob er die Entscheidung jedoch immer wieder auf. Jedes Mal, wenn er zum Telefon greifen wollte, um mit den Firmeneigentümern zu sprechen, spürte er einen starken Energieverlust. Er fand aber keine rechte Erklärung dafür, wieso der Gedanke, künftig mit diesen Leuten zusammenzuarbeiten, ihm ein solches Unbehagen bereitete. Auch nach vielen langen Gesprächen mit seiner Frau vermochte er noch immer nicht zu sagen, warum er die Entscheidung immer weiter hinauszögerte. Da war lediglich ein »Bauchgefühl«, das ihm riet, noch abzuwarten. Seine Frau stand in gutem Kontakt zu ihren intuitiven Gefühlen und wusste, wie stark ein solches »Bauchgefühl« sein kann. Daher akzeptierte sie es, dass sein Umzug nach Kalifornien sich hinzog. Er lehnte das Angebot der Firma von der Westküste ab und arbeitete weiter für seinen New Yorker Arbeitgeber.

Sechs Monate später ging seine New Yorker Firma an die Börse, was ihm als Mitglied des Vorstandes Millionengewinne einbrachte. Obgleich er und seine Frau über ein Jahr warten mussten, ehe sie zusammenziehen konnten, waren sie doch beide dankbar, dass sie auf seine innere Führung vertraut hatten. Es zeigte sich, dass *nichts* tun und abwarten mitunter das Beste ist, was man tun kann!

Die Intuition und Ihre höhere Bestimmung

Nahezu jeder Mensch stellt sich früher oder später die Frage, welchen Sinn das Leben hat und wozu er hier ist. Wenn Sie Ihre Intuition entwickeln, werden sich in Ihrem Leben subtile Veränderungen vollziehen. Diese Veränderungen können Sie veranlassen, Ihr Leben in einem neuen Licht zu betrachten.

Jeder von uns kommt auf diese Welt, um Lektionen zu lernen und der Menschheit seine Gaben zu schenken. Je mehr wir lernen und uns weiterentwickeln, desto mehr wächst unsere Fähigkeit, diese natürlichen Gaben zu entwickeln und mit unseren Mitmenschen zu teilen. Wenn wir unsere Intuition entwickeln, wird sie uns zur Erfüllung unserer höchsten Bestimmung in diesem Leben hinführen. Und diese höchste Bestimmung besteht, ganz buchstäblich, darin, dass wir der Welt unsere Gaben schenken.

Die meisten von uns sind in dem Glauben aufgewachsen, dass wir uns als Erwachsene für eine bestimmte Berufslaufbahn entscheiden und dann die entsprechende Ausbildung absolvieren müssen. Diesen einmal eingeschlagenen Kurs glauben wir dann für den Rest unseres Lebens beibehalten und hauptsächlich damit unseren Lebensunterhalt verdienen zu müssen.

Doch heute betätigen sich die Menschen zunehmend auf vielen verschiedenen Feldern, oft in faszinierenden Kombinationen. Wenn Sie Ihrer Intuition folgen, kann Sie das in viele Richtungen führen. Vielleicht werden Sie voller Hingabe in ganz unterschiedlichen Aufgabenbereichen tätig werden und alle diese Tätigkeiten fließen auf überraschende, neue und schöpferische Weise ineinander. Sie werden Dinge tun, die Ihnen wirklich Freude machen, bei denen Sie wirklich gut sind und die Ihnen leicht von der Hand gehen. Eine solche Arbeit ist eine prickelnde Herausforderung und niemals langweilig. Wenn Sie Ihrer Intuition folgen, wird Ihnen alles, was Sie tun, Befriedigung und Erfüllung schenken, und damit leisten Sie auf jeden Fall einen positiven Beitrag für die Welt.

Ihre Fantasien können Ihnen viel über Ihr wahres Potenzial verraten. Immer wieder stelle ich fest, dass die meisten Menschen zwar intuitiv sehr stark spüren, was sie am liebsten tun würden, dann jedoch eine berufliche Laufbahn einschlagen, die von ihren eigentlichen Wünschen ziemlich weit entfernt ist. Manchmal geschieht das aus Pragmatismus oder weil sie sich die Anerkennung der Eltern oder der Gesellschaft verdienen wollen. Sie denken, es sei unmöglich, das zu tun, wovon sie eigentlich träumen, und so geben sie sich mit etwas scheinbar leichter Erreichbarem zufrieden. Ich ermutige die Leute immer sehr, sich Aktivitäten zu widmen, für die sie echte Begeisterung empfinden. Hier ist ein Beispiel:

Eine meiner Freundinnen arbeitete für eine Versicherungsagentur. Obwohl diese Tätigkeit sehr gut bezahlt wurde, fühlte meine Freundin sich unerfüllt und suchte noch nach ihrer wahren Lebensbestimmung. Dabei war sie in ihrer Arbeit überaus erfolgreich, und der Chef der Agentur bot ihr sogar eine Teilhaberschaft an, da sie seine Umsätze in kurzer Zeit verdreifacht hatte. Da sie unsicher war, ob sie dieses Angebot annehmen sollte, suchte sie eine spirituelle Beraterin auf. Diese Beraterin führte sie durch einige Meditationen und Übungen, die ihr herauszufinden halfen, bei welcher Arbeit sie wirklich Begeisterung und Freude empfand. Schließlich beschloss sie, das Angebot ihres Chefs abzulehnen. Sie wusste, dass sie mit dem Verkauf von Versicherungen eine Menge Geld verdienen konnte, doch dieser Beruf bot ihrer Seele keine Nahrung.

Während der Sitzungen mit ihrer Beraterin entdeckte sie, dass sie in Wahrheit am liebsten mit Jugendlichen arbeiten wollte, die unter sozialen Problemen litten. Sie stammte selbst aus schwierigen Verhältnissen und wollte den Jugendlichen in ihrer Stadt eine Begegnungsstätte anbieten, wo sie sich treffen und ihre Probleme besprechen konnten – einen Ort, an dem sie lernen konnten, Selbstachtung zu entwickeln. Obwohl sie noch keine Ahnung hatte, wie sich dieser Plan in die Tat umsetzen ließ, wusste sie doch, dass diese Arbeit mit Jugendlichen ihre wahre Bestimmung war.

Sie setzte ihre Tätigkeit in der Versicherungsbranche fort, um sich damit ihren Lebensunterhalt zu verdienen, und begann sich ehrenamtlich bei einem Verein in ihrem Wohnort zu engagieren, der sich »Selbstachtung für Schüler« nannte. Schon im ersten Jahr ihrer Mitarbeit dort bat man sie, Mitglied des Vorstandes zu werden, und im zweiten Jahr wurde sie zur Geschäftsführerin des Vereins ernannt – eine hauptamtliche, bezahlte Funktion. Nun war sie endlich in der Lage, ihren bisherigen Beruf aufzugeben und sich ganz der gemeinnützigen Jugendhilfe zu widmen. Mehrere Jahre lang leitete sie diesen Verein, dann siedelte sie in eine größere Stadt um und trat dort eine Stelle bei einem großen Verlag an, wo sie ein stetig wachsendes Programm von Büchern für Jugendliche und junge Erwachsene betreut. Sie empfindet es als Segen, nun mit Autoren zusammenarbeiten zu können, deren Bücher für Jugendliche von großem Wert sind, und mitzuhelfen, dass diese Bücher einer breiten Öffentlichkeit bekannt gemacht werden.

Das ist nur eine unter vielen vergleichbaren Geschichten, die mir von Freunden und Seminarteilnehmern berichtet wurden. Diese Frau war nicht bereit, sich mit einer Karriere zufrieden zu geben, die ihr zwar genügend Geld und materielle Sicherheit, aber keine Freude und persönliche Erfüllung einbrachte. Da sie nicht über die berufliche Qualifikation verfügte, um professionell in das von ihr gewünschte Aufgabenfeld einzusteigen, schlug sie zunächst den Weg ehrenamtlichen Engagements ein. So konnte sie sich ihren leidenschaftlichen Wunsch erfüllen, mit Jugendlichen zu arbeiten, was dann schließlich in eine erfolgreiche Berufstätigkeit in der Verlagsbranche mündete.

Wenn Sie mit Ihren intuitiven Fähigkeiten experimentieren und sie verfeinern, werden Sie in intensiveren Kontakt zu Ihrer eigenen Seele und der Energie des Universums gelangen. Ihre Weltsicht wird sich dadurch verändern, und dieser innere Wandel wird es Ihnen ermöglichen, Ihre einzigartige Lebensbestimmung zu finden und zu erfüllen.

ÜBUNG

Die eigene Lebensaufgabe entdecken

1. Gehen Sie allen Impulsen nach, die Sie im Hinblick auf Ihre wahren Wünsche bezüglich Beruf/Hobby/Kunst haben. Selbst wenn diese Wünsche völlig unrealistisch scheinen, sollten Sie den Impulsen trotzdem folgen, und zwar mit offenem, abenteuerlustigem Geist, und dann sehen, was geschieht.

2. Erstellen Sie eine Liste aller Fantasien und Tagträumereien, die Ihnen im beruflichen oder künstlerisch-kreativen Bereich immer wieder in den Sinn kommen. Notieren Sie in einer zweiten Liste, welche konkreten Schritte Sie unternehmen wollen, um diese Fantasien näher zu erforschen.

3. Schreiben Sie eine »ideale Szene« – eine Beschreibung Ihrer perfekten beruflichen Karriere, genau so, wie Sie sie sich erträumen. Schreiben Sie in der Gegenwart, als wäre dieser Traum bereits Wirklichkeit. Fügen Sie genügend Beschreibungen und Details ein, um die Szene sehr realistisch erscheinen zu lassen. Legen Sie diese Notizen dann weg und schauen Sie sie sich nach ein paar Monaten, vielleicht auch erst nach ein oder zwei Jahren wieder an. Falls sich Ihre Fantasie in dieser Zeit nicht völlig verändert hat, bestehen gute Aussichten, dass Sie bis dahin deutliche Fortschritte hin zur Verwirklichung Ihres Traumes gemacht haben werden.

4. Schneiden Sie aus Zeitschriften Bilder und Artikel aus, die in Bezug zu Ihren Wünschen stehen, und sammeln Sie sie in einem großen Kuvert. Sie werden Ihnen helfen, ein klareres Bild jener Zukunft zu gewinnen, die Sie sich gerne erschaffen möchten. Es macht Spaß, sich diese Sammlung alle paar Wochen anzuschauen, um sich von ihr anregen zu lassen. Oft tauchen dabei intuitive Einfälle auf, die Sie Ihren Zielen näher bringen.

Sie können die gesammelten Bilder auch in ein Notizbuch kleben oder als Collage auf ein großes Stück Karton, das Sie dann an die Wand hängen. Betrachten Sie Ihre Collage häufig und lassen Sie sich von ihr inspirieren.

Die Kunst des intuitiven Lebens

Der eigenen intuitiven Führung zu vertrauen und ihren Eingebungen zu folgen ist eine Kunst. Wie jede andere Kunst oder Disziplin erfordert sie eine gewisse Hingabe. Es handelt sich um einen unaufhörlichen Entwicklungsprozess, bei dem wir ständig herausgefordert werden, uns selbst zu entdecken und immer größeres Selbstvertrauen zu finden.

Für die meisten von uns stellt es eine völlig neue Lebensweise dar, sich der Führung durch die Intuition anzuvertrauen. Diese Lebensweise unterscheidet sich sehr von dem, was uns in der Vergangenheit beigebracht wurde. Manchmal mag sich das unbehaglich oder sogar etwas beängstigend anfühlen. Viele von uns wurden darauf konditioniert, das Leben ausschließlich rational zu betrachten, bestimmten, strikt festgelegten Regeln zu folgen (oder in einer Verweigerungshaltung gegen diese Regeln zu rebellieren) oder sich stets nach den tatsächlichen oder vermeintlichen Erwartungen der anderen zu richten. Für diese Menschen ist es ein großer Schritt, wenn sie beschließen, künftig ihrer eigenen inneren Wahrheit zu folgen. Es ist ganz natürlich, dass diese Veränderung Zeit braucht und vorübergehend etwas schwierig und verwirrend verlaufen kann. In solchen Zeiten ist es wichtig, dass wir sehr mitfühlend mit uns selbst umgehen.

Manchmal werden uns dabei die widerstreitenden Stimmen in uns sehr deutlich zu Bewusstsein kommen. Ein Teil in uns begrüßt die Veränderungen vielleicht enthusiastisch, während ein anderer sich vor ihnen fürchtet. Wenn es uns gelingt, die vielen verschiedenen Gefühle und Stimmen in uns anzuerkennen und zu würdigen, wird unsere Intuition uns stets den jeweils richtigen nächsten Schritt zeigen – einen, der uns unserer höchsten Bestimmung näher bringt, ohne zu beänstigend für unsere verletzlichen Selbste oder zu radikal für unsere konservativen Wesensanteile zu sein.

Neue Türen öffnen

Je öfter wir uns in der Anwendung unserer Intuition üben, desto mehr werden Glauben und Zuversicht in uns wachsen, weil wir erleben, dass dieser Weg wirklich funktioniert. Nicht nur, dass sich unsere schlimmsten Befürchtungen als unbegründet erweisen, sondern unser Leben verläuft immer besser und besser. Vergessen Sie dabei nicht, dass es wichtig ist, mit kleinen Schritten zu beginnen, sodass Ihr Zutrauen allmählich wächst, bis Sie schließlich auch größere Herausforderungen in Angriff nehmen können.

Ihre Intuition wird Sie auf sanfte Weise dazu inspirieren, angemessene und Sie nicht überfordernde Wagnisse einzugehen und Neues auszuprobieren. So könnte es beispielsweise sein, dass Sie davon träumen, etwas Künstlerisches zu tun, das Sie nie zuvor ausprobiert haben, etwa malen, tanzen oder ein Musikinstrument spielen lernen. Dann versucht eine kritische innere Stimme, Ihnen das auszureden, um Sie vor einer möglichen Blamage zu bewahren. Diese Stimme flüstert Ihnen ins Ohr: »Sei nicht albern, du hast überhaupt kein künstlerisches Talent!« oder: »Du bist doch schon viel zu alt, um etwas ganz Neues anzufangen.« Danken Sie Ihrem inneren Kritiker dafür, dass er Sie vor Misserfolgen schützen möchte. Machen Sie dann aber trotzdem beharrlich weiter, und probieren Sie das aus, wozu Ihr Herz Sie drängt.

Vielleicht will Ihre Intuition Ihnen zeigen, dass Sie eine neue Richtung einschlagen sollen oder dass verborgene Talente in Ihnen schlummern, die zum Ausdruck gebracht werden möchten. Wenn Sie dann etwas Neues ausprobieren, kommt es nicht darauf an, dass Sie darin auf Anhieb besonders gut sind; tun Sie es einfach zum Spaß. Folgen Sie Ihren intuitiven Impulsen, und schauen Sie, was geschieht. Es ist gut möglich, dass sich Ihnen dadurch neue Horizonte eröffnen. Sie erhalten die Chance, auf spielerische Weise neue Teile Ihrer Persönlichkeit zu entdecken, die Sie bislang nicht bewusst gelebt haben.

Angenommen, Sie haben immer schon davon geträumt, sich geschäftlich selbstständig zu machen. Lassen Sie Ihren diesbezüglichen Fantasien einmal freien Lauf. Überlegen Sie, welche Schritte Sie auf dieses Ziel hin unternehmen können. Bitten Sie Ihre Intuition, Ihnen zu zeigen, was Sie tun sollen. Gehen Sie jedem Impuls nach, der sich daraufhin einstellt. Es ist möglich, dass überhaupt nichts geschieht oder dass Sie ein paar Schritte tun und sich dann blockiert fühlen. Das könnte ein Zeichen dafür sein, dass der Zeitpunkt ungünstig ist, um diesen Weg einzuschlagen. Oder Sie sollten sich darauf vorbereiten, dass Ihr Wunsch sich auf ganz unerwartete Weise erfüllt. Bleiben Sie offen, und schauen Sie, was geschieht. Ich kenne viele Leute, die mit dieser Vorgehensweise außerordentliche Erfolge erzielen.

Wenn Sie lernen, aus Ihrer Intuition heraus zu leben, wird die Art, wie Sie zu Entscheidungen gelangen, sich verändern. Statt alles mit dem Verstand kontrollieren und vorausplanen zu wollen, werden Sie Ihren intuitiven Gefühlen folgen und darauf vertrauen, dass die Dinge sich harmonisch entfalten. Dabei werden Sie dann auf ganz leichte, natürliche Weise jeweils die richtigen Entscheidungen treffen.

Wenn Sie beispielsweise unzufrieden mit Ihrem Beruf sind, sollten Sie nicht sofort kündigen, es sei denn, ein starkes intuitives Gefühl sagt Ihnen, dass das wirklich die beste Entscheidung ist. Erforschen Sie stattdessen in Ruhe Ihre Gefühle. Ihr Gefühl sagt Ihnen vielleicht: »Ich bin hier wirklich unglücklich, ich würde gerne mehr mit anderen Menschen zusammenarbeiten« oder was auch immer. Übergeben Sie die ganze Angelegenheit dann Ihrer Intuition, und lassen Sie sich von ihr Schritt für Schritt zeigen, was Sie tun sollen. Dann wird höchstwahrscheinlich schon bald eine gute Lösung auftauchen. Vielleicht ändert sich Ihre bisherige Arbeitssituation zum Besseren, oder Sie werden dazu inspiriert, sich zunächst einmal unverbindlich über andere berufliche Möglichkeiten zu informieren. Vielleicht folgen Sie dem Impuls, sich um eine andere Arbeit zu bewerben, und beim Vorstellungsgespräch stellen Sie fest, dass Sie endlich das für Sie Richtige gefunden haben. Oder Sie finden mithilfe der Intuition heraus, dass es wirklich an der Zeit für Sie ist zu kündigen, und dann wird sich dieser Entschluss auch als richtig erweisen. Bei diesem intuitiven Prozess wird sich die richtige Entscheidung irgendwann fast wie von selbst herauskristallisieren.

Wenn Sie ein Problem zu lösen oder eine Entscheidung zu treffen haben, sollten Sie die Sache Ihrer Intuition übergeben. Wenn Sie zum Beispiel das Gefühl haben, dass Ihr gesellschaftliches Leben langweilig und unbefriedigend verläuft und Sie gerne neue Freunde kennen lernen möchten, bitten Sie Ihre Intuition darum, Ihnen dabei zu helfen. Es kann sein, dass Sie dann ein, zwei Wochen später von einem Verein lesen, in dem Menschen gemeinsam einem Hobby nachgehen, das Sie interessant finden, und sie spüren intuitiv, dass es eine gute Idee ist, dort Mitglied zu werden. So finden Sie dann vielleicht in einem Wanderverein oder in einem Klub von Amateurfotografen Freunde mit gemeinsamen Interessen.

Manche Menschen fürchten, wenn Sie Ihrer Intuition vertrauen, werde Sie das dazu verleiten, sich selbstsüchtig, verantwortungs- und rücksichtslos zu verhalten. Doch das genaue Gegenteil ist der Fall. Da die Intuition in unmittelbarem Kontakt zu unserer Seele und zur universellen Intelligenz steht, führt sie uns stets zu unserem höchsten Wohl und zugleich zum höchsten Wohl aller Beteiligten.

Wenn wir ihr folgen, werden wir manchmal neue, ungewohnte Verhaltensweisen an den Tag legen, sodass andere Menschen möglicherweise vorübergehend enttäuscht oder irritiert sind. Wenn Sie beispielsweise ein Mensch sind, der ständig gegeben hat und immer bestrebt war, die Bedürfnisse anderer zu befriedigen und sich um sie zu kümmern, kann Ihre Intuition Sie veranlassen, künftig öfter nein zu sagen und schützende Grenzen zu ziehen. Das könnte Ihre Umwelt anfangs ziemlich irritieren. Langfristig werden jedoch alle Beteiligten davon profitieren, dass Sie besser für sich selbst sorgen, sodass dadurch letztlich alle gesünder und glücklicher werden.

Tatsächlich ist es immer wieder erstaunlich, wie das Wirken der Intuition alles so fügt und arrangiert, dass stets aufs Beste für die Bedürfnisse aller gesorgt ist und alle letztlich genau das tun, was sie am glücklichsten macht.

Eine Kraft, die uns führt

Wenn Menschen lernen, sich ihrer Intuition anzuvertrauen, gehen sie manchmal durch eine Phase, in der ihr ganzes Leben regelrecht auseinander zu fallen scheint. Liebesbeziehungen zerbrechen oder wandeln sich auf dramatische Weise, vielleicht ziehen sie um, wechseln den Beruf oder verlieren das Interesse an ihren bisherigen Hobbys. Wenn so etwas in Ihrem Leben geschieht, sollten Sie es als Anzeichen dafür nehmen, dass Sie bestimmte Aspekte Ihrer alten Identität hinter sich lassen. Der Versuch, sich an diesen Dingen festzuklammern, wäre falsch und würde Sie nur in Ihrer weiteren Entwicklung behindern. Die äußeren Umstände Ihres Lebens verändern sich, weil Sie selbst sich verändern. Es kommt darauf an, genug Vertrauen zu entwickeln, um im

Fluss der Intuition zu bleiben, auch wenn die Dinge einmal nicht so laufen, wie Sie es erwartet hatten. Dem allen wohnt eine tiefere, nicht immer auf Anhieb erkennbare Vollkommenheit inne. Neue Formen von zwischenmenschlichen Beziehungen, von Kreativität, Arbeit und Lebensräumen werden sich Ihnen erschließen, in denen sich ihr jeweiliger Entwicklungsstand spiegelt.[6]

Es ist wichtig, dass Sie emotionale Unterstützung erhalten, während Sie diese Veränderungen durchlaufen. Finden Sie einen Freund oder besser eine Gruppe von Freunden, mit denen Sie offen über Ihre Hoffnungen, Träume und Ängste sprechen können, Freunde, die Sie ermutigen, Ihnen aber auch ein aufrichtiges, ehrliches Feedback geben.

Manchmal fühlen sich nahe Angehörige oder alte Freunde von den Veränderungen, die bei Ihnen stattfinden, zu sehr verunsichert und sind deshalb nicht in der Lage, Ihnen echte Unterstützung zu geben. Dann sollten Sie sich nach Leuten umschauen, die Interesse an persönlichem Wachstum haben. Eine besonders gute Gelegenheit, solche Menschen kennen zu lernen, sind entsprechende Seminare. Sie können sich aber auch einer Selbsthilfegruppe anschließen (oder selbst eine gründen).

Wenn wir lernen, unserer Intuition zu folgen, mögen wir uns zeitweilig so fühlen, als bewegten wir uns auf sehr dünnem Eis. In gewisser Weise lernen wir, ohne jene falsche Sicherheit zu leben, die wir uns bislang durch ständige Kontrolle unserer Umwelt zu verschaffen versuchten. Wenn wir uns stattdessen unserer inneren Führung anvertrauen, werden Wunder geschehen, die unsere kühnsten Erwartungen übertreffen.

---

[6] In meinem Buch *Leben im Licht* erfahren Sie mehr darüber, wie sich Ihr Leben verändern kann, wenn Sie Ihrer Intuition folgen.

Nach und nach schwindet unsere Angst, und wir lernen immer besser, mit dieser Unsicherheit zu leben. Wir können sogar lernen, unser Nichtwissen zu genießen! Wir öffnen uns für das Geheimnisvolle, Überraschende, was bewirkt, dass wir uns aufregend wach und lebendig fühlen. Wir sind bereit, ins Unbekannte vorzudringen, im Vertrauen darauf, dass es in uns eine starke, weise Kraft gibt, die uns den Weg weist.

MEDITATION

Der eigenen Energie folgen

Setzen oder legen Sie sich bequem hin. Schließen Sie die Augen. Atmen Sie tief durch und entspannen Sie Ihren Körper. Entspannen Sie beim nächsten tiefen Atemzug Ihren Geist. Atmen Sie weiter langsam und tief und lösen Sie sich von aller inneren Anspannung und Unruhe. Wenn Sie sich entspannt fühlen, begeben Sie sich an einen Ort der Stille tief in Ihnen. Ruhen Sie sich dort einen Moment aus, ohne etwas Bestimmtes tun oder denken zu müssen.

Spüren Sie an diesem Ort der Stille nun Ihre Lebenskraft. Stellen Sie sich vor, dass Sie Ihrer eigenen Energie folgen, auf sie vertrauen, in jedem Augenblick Ihres Lebens harmonisch mit ihr fließen. Damit gelangen Sie zu völligem Einklang mit sich selbst und leben Ihre Wahrheit. Sie fühlen sich sehr lebendig und von Kraft erfüllt. Stellen Sie sich vor, dass Sie Ihre Kreativität frei und ungehindert in Ihrem Leben zum Ausdruck bringen, und genießen Sie diese Erfahrung.

Praktizieren Sie diese Meditation, sooft Sie möchten. Mein Segen und meine guten Wünsche begleiten Sie.

Anhang

Empfehlenswerte Bücher

Allen, Marc. *A Visionary Life*. New World Library, 1998.
Gawain, Shakti. *Das Geheimnis wahren Reichtums*. Heyne Verlag, München 1999.
Gawain, Shakti. *Die vier Stufen der Heilung. Das Geheimnis gesunden Lebens auf den vier Ebenen der Existenz*. Heyne Verlag, München 1998.
Gawain, Shakti. *Wege der Wandlung*. Heyne Verlag, München 1994.
Gawain, Shakti. *Gesund denken. Kreativ visualisieren*. Heyne Verlag, München 1994.
Gawain, Shakti. *Im Garten der Seele. Auf Entdeckungsreise zum Selbst*. Heyne Verlag, München 1991.
Gawain, Shakti. *Leben im Licht*. Heyne Verlag, München 1989.
Peirce, Penney. *Erwecke deine Intuition*. Verlag W. Ludwig, München 1999.
Roberts, Jane. *Die Natur der persönlichen Realität*. Ariston Verlag, Genf 1985.
Rothschild, Joel. *Signale*. Goldmann Verlag, München 2000.
Stone, Hal und Sidra. *Partnering*. Nataraj/New World Library, 1999.
Stone, Hal und Sidra. *Abenteuer Liebe, lebendige Partnerschaft*. Kösel Verlag, München 1997.
Stone, Hal und Sidra. *The Shadow King*. Nataraj/New World Library, 1997.
Stone, Hal und Sidra. *Du bist richtig. Mit der Voice-Dialogue-Methode den inneren Kritiker zum Freund gewinnen*. Heyne Verlag, München 1995.

Stone, Hal und Sidra. *Du bist viele. Das hundertfache Selbst und seine Entdeckung durch die Voice-Dialogue-Methode.* Heyne Verlag, München 1994.
Tolle, Eckhart. *Jetzt. Die Kraft der Gegenwart.* Verlag J. Kampmann, Bielefeld 2000.
Vaughan, Frances E. *Awakening Intuition.* Bantam Doubleday Dell, 1979.

Audiokassetten

Auf Deutsch:
Gawain, Shakti. *Leben im Licht.* Praktische Übungen. Zwei Audiokassetten. Axent Verlag, Augsburg.
Gawain, Shakti. *Meditationen im Licht.* Zwei Audiokassetten. Verlag Hugendubel, München.
Gawain, Shakti. *Stell dir vor.* Eine Audiokassette. Sphinx Audio, Basel.

Auf Englisch:
Gawain, Shakti: Lehr- und Meditationskassetten in englischer
Sprache (z. B. *The Four Levels of Healing, The Path of Transformation*) bei Nataraj Publishing/New World Library
14 Pamaron Way
Novato, CA 94949, U.S.A.
Tel.: (415) 884-2100
Fax: (415) 884-2199
E-Mail: escort@nwlib.com
Website: www.newworldlibrary.com

Stone, Hal und Sidra: Audiokassetten in englischer Sprache (z. B. *Meeting Your Inner Selves, The Child Within, Meet Your Inner Critic*) von Delos, Kalifornien (siehe S. 142).

Seminare

Vorträge und Seminare mit Shakti Gawain finden überall in den Vereinigten Staaten und in vielen anderen Ländern statt. Sie leitet außerdem Retreats, Intensivkurse und Schulungen. Wenn Sie in ihren Adressverteiler aufgenommen und über ihre Seminare informiert werden möchten, wenden Sie sich an:
Shakti Gawain, Inc.
P. O. Box 377, Mill Valley, CA 94942, USA
Tel. (4 15) 3 88-71 96
E-Mail: staff@shaktigawain.com
www.shaktigawain.com

oder in Deutschland an:
WRAGE Seminar Service
Schülerstr. 4, 20146 Hamburg
Tel. (0 40) 45 52 40

Informationen über die von Hal und Sidra Stone angebotenen Seminare und Schulungen erhalten Sie bei:
Delos
P. O. Box 604, Albion, CA 95410, USA
Tel. (7 07) 9 37-24 24
E-Mail: delos@mcn.org
www.delos-inc.com

oder in Deutschland bei:
Voice Dialogue Center München
Artho Wittemann, Fallmerayerstr. 36, 80796 München
Tel./Fax: (0 89) 3 08 58 46

Dank

Ich möchte meiner Lektorin Becky Benenate für ihren kreativen Beitrag danken, ihre emotionale Unterstützung und ihre viele harte Arbeit. Ohne dich hätte dieses Buch nicht entstehen können, Becky.

Meine dankbare Wertschätzung gilt Marc Allen, Georgia Hughes, Lora O'Connor, Kathy Altman und Gina Vucci. Dank auch an alle bei New World Library.

Über die Autorin

Shakti Gawain wurde mit ihren Erfolgsbüchern *Leben im Licht* und *Gesund denken* zu einer der wichtigsten amerikanischen Lehrerinnen des neuen Bewusstseins. Durch ihre Vorträge und Seminare in Deutschland hat sie auch bei uns eine große Lesergemeinde gewonnen, die mit ihren Visualisierungsübungen und geistigen Heilverfahren arbeitet. Shakti Gawain lebt und arbeitet in Kalifornien und auf Hawaii. 1999 erschien von ihr im Wilhelm Heyne Verlag *Das Geheimnis wahren Reichtums*.